Daniela Engist

Mein Basel

8 grad

Basel

Daniela Engist

Mein Basel

Die bewegte Stadt

8 grad verlag Freiburg

Inhalt

»In Basel ist alles anders.«

Max Frisch

Die Drachenstadt

In den Zeiten, in denen noch nicht alles bereist, beschrieben und im Internet war, schrieb man auf die weißen Flecken der Weltkarte »Hier wohnen Drachen«. Ob das nun eine Warnung sein sollte, diese Orte nur ja nie zu betreten, oder eine Erklärung dafür, warum noch nie ein Mensch zuvor dort gewesen war, lässt sich schwer sagen. Vielleicht ist so ein weißer Fleck auch einfach nur die einzig mögliche Wohnstätte für Fantasiewesen, denn sobald einer einmal einen Fuß in eine Gegend gesetzt hat und als halbwegs glaubwürdiger Reiseberichterstatter daraus zurückgekehrt ist und sich anschickt, die sogenannte Wahrheit über den Ort zu verbreiten, an dem er gewesen war, muss alles Zauberhafte daraus verschwinden. Benannt, gebannt.

Wenn wir uns heute zu einem Ort aufmachen, haben wir meistens schon Bilder im Kopf, Bilder, die sich geformt haben aus dem, was andere uns erzählten, in Büchern, Filmen, in Reiseführern, auf einem Blog oder bei einem Abendessen. Wohin fahrt ihr? Wart ihr schon mal? Wir waren in. Da wollten wir schon immer mal. Egal, wo man hinwill, immer war schon mal einer da. Und die, die schon mal da waren, haben so viel gesehen und besungen und beschrieben – es ist alles gesagt, könnte man meinen.

Warum also noch ein Buch über Basel?

Ein Blick kann alles verwandeln. In Stein oder in Liebe. Wer einen Blick riskiert, bleibt nicht gleichgültig. Wer hinschaut, nimmt ein Bild in sich auf und fügt es ein in sein

Weltbild. Es gibt Weltbilder, die sind festgefügt, als wären sie aus Beton, sie funktionieren nach dem Prinzip der Bestätigung des Erwartbaren. Alles, was nicht dazu passt, prallt davon ab, und es gibt Weltbilder, die sind wie Wasser, fließend, wandelbar und immer neu.

Hüte dich vor dem Blick des Basilisken, der alles zu Stein werden lässt! Mit Klauen und Schuppenschwanz umklammert er das Stadtwappen von Basel und beobachtet die Vorübergehenden. Es ist Mittag. Das Kleinbasler Rheinufer ist voller Menschen. Frauen mit kleinen Kindern und Coffee-to-go, Studenten mit Eis und Handy in der Hand, oder sind es Schüler? Je älter ich werde, desto schwerer fällt es mir, das Alter von Menschen zu schätzen, die jünger sind als ich. Geschäftsleute mit Sonnenbrillen schlendern vorbei, die Hände in den Taschen. Eine Gruppe Bartträger präsentiert das Ergebnis des Wintertrainings im Fitnessstudio in engen Tanktops und beschallt das Ufer mit Rapmusik, jemand bellt harte französische Worte, als müsste er der Sprache alles Romantische austreiben. Leise mischt sich Reggae darunter, ein alter Mann schiebt ein Fahrrad mit Anhänger, in dem sind seine Habseligkeiten und ein Bluetooth-Lautsprecher. Die Reggae-Musik wird lauter. Der Alte segelt unter voller Beflaggung, zwei Schweizer Fahnen und zwei Basel-Fahnen wippen am Anhänger. Der Mann sieht abgerissen aus, grauer, langer Bart, die Musik gibt ihm einen wippenden Schritt. Die Reggae-Musik wippt vorbei. Der französische Rapper erobert den Luftraum zurück. Auf der anderen Seite des Flusses die Umrisse des Münsters im Gegenlicht. Ich muss blinzeln. Der Basilisk blinzelt nicht. Wie auch? Ist sein Auge doch nur ein weißer Farbklecks mit schwarzem Punkt auf einer flaschengrünen Bronzefigur, die einen Hahnenkopf trägt, der auf einem pelzigen Schwanenkörper mit Hautflügeln und Schlangenschwanz sitzt. Ein drohender Schwan, wie die, die jetzt im Frühling auf dem Rhein herumschwimmen und sich aufbäumen und die

Kanufahrer anfauchen, wenn sie ihren Jungen zu nahe kommen. So ein fauchender Schwan kann einem das Blut in den Adern gefrieren lassen. Der Basilisk kann nicht fauchen, ein Wasserstutzen verstopft ihm den Schnabel, der dünne Strahl daraus plätschert in ein gusseisernes Becken.

»In Basel speien die Drachen Wasser«, sage ich. Ich habe die Seiten gewechselt, stehe mit meinem alten Kollegen Beat auf der Münsterpfalz über dem Rhein. Großbasel. Beat wiegt den Kopf hin und her. Ein Basilisk sei genau genommen kein Drache, sondern eine Kreuzung aus Hahn und Schlange, sagt er, als wäre das eine zoologische Tatsache. Dabei zerbrachen sich doch bereits die Hofzoologen des Kaisers von Mandala bei Michael Ende die Köpfe, wie denn ein ordentlicher Drache überhaupt auszusehen hätte, und es gab am Schluss genauso viele Drachenbeschreibungen wie Schriftgelehrte.

Beat hat mir gerade von den Besonderheiten der Basler Typografie erzählt, sein Steckenpferd. Die klare Formensprache, die strenge Reduzierung, das teile man mit der Schweizer Grafik allgemein, aber der weitgehende Verzicht auf Farbe, da könne man geradezu von einem Basler Stil sprechen. Schwarz und weiß. »Wie das Basler Wappen«, sage ich und zeige auf die Fahne, die an der Ecke der Terrasse aufgezogen im Wind steht, ein schwarzer Bischofsstab auf weißem Grund, schnörkellos, anders als der auf dem Basiliskenbrunnen. Beat stutzt für einen Moment, es wirkt, als ob sich diese Verbindung zum ersten Mal in seinem Kopf herstellt, aber er lässt sie sofort gelten wie eine Wahrheit, die immer schon offen dalag und trotzdem nicht gesehen wurde. »Jä, jä«, murmelt er nur.

Wir treten an die Brüstung und lassen den Blick schweifen. Ich bleibe an den Hochhäusern hängen, die vor allem jenseits des Rheins in den Himmel gewachsen sind. Als ich vor über zwanzig Jahren nach Basel zum Arbeiten kam, stand noch nicht einmal der Messeturm. Es gab nur eine Baugrube. Hier entstehe das höchste Gebäude der Schweiz, raunten mir die Kollegen damals zu, und in dem Raunen vermischten sich Stolz und Abscheu. Heute besitzt die Stadt fast schon so etwas wie eine Skyline. Es dominieren die Farben Schwarz und Weiß. Ich frage mich, ob ein Grafiker daraus schon eine Bildmarke gemacht hat, die sich auf T-Shirts, Taschen und Tassen vermarkten ließe, spreche den Gedanken aber nicht aus. Beat ist ganz woanders. Er zitiert Max Frisch. »Die beglückende Ahnung von flandrischem Himmel«. Frisch war natürlich auch schon hier, mit den Füßen auf der Münsterpfalz und dem Kopf in den Wolken.

Wenn man sich anschickt, etwas zu erzählen, dann hat das immer zwei Seiten. Man stellt den Gegenstand dar und gibt etwas über sich selbst preis. Es entsteht eine wechselseitige Beziehung zwischen Betrachter und Betrachtetem – mal adelt der eine das andere, mal ist es umgekehrt.

Solange ein Schriftsteller ein unbekannter Hallodri ist, wird er gerne und unermüdlich darauf verweisen, dass er einmal zum Beispiel in Paris oder New York gelebt habe, vielleicht auch in Berlin, und sei es nur für ein paar Wochen oder Monate, damit etwas vom Glanz der Metropolen auf ihn falle und er seine Weltläufigkeit beweise. Gerne finden diese Orte dann auch Eingang in sein Werk. Das Dorf, aus dem er stammt, oder die Kleinstadt, in der er die Schule besuchte, oder das günstige Hotel, in dem ihn die Stadtbibliothek des Mittelstädtchens auf seiner ersten Lesereise, die aus zwei Stationen bestand, untergebracht hatte, finden eher keine Erwähnung. Höchstens im Spätwerk, wenn er nicht mehr weiß, was er noch alles erzählen soll. Ist er aber ein berühmter Dichterfürst geworden, dann kehrt sich das Verhältnis um und Dorf und Kleinstadt und die Stadtbibliothek und das Hotel im Mittelstädtchen bringen, wenn sie nicht gleich Straßen, Plätze, Schulen nach ihm benennen, Hinweisschilder an, wie: Hier wurde geboren. Hier wohnte. Hier weilte. Hier schlief. Hier stand.

Möchte ein Verlag ein Buch über einen Ort auflegen, ist der erste marktwirtschaftliche Reflex sicherlich der, den bekanntesten lebenden Schriftsteller der Gegend dafür zu rekrutieren, auf dass der Glanz des berühmten Mannes auf die Stadt seiner Herkunft oder doch zumindest Wahlheimat falle und sich mindestens die Erstauflage wie von selbst verkaufe. Hans-Jörg Schneider kommt einem vielleicht in den Sinn, dessen Bücher voller Basel und Basel-Erinnerungen stecken. Oder Alain Claude Sulzer, der hat bereits ein Basel-Porträt vorgelegt. Wie heikel ein solches Unterfangen selbst für einheimische Schriftstellerinnen und Schriftsteller sein kann, zeigt sich in Leserinnenkommentaren wie diesem, der von einer Rezensionsplattform stammt: Sie vermisse ein paar essenzielle Dinge in diesem Basel-Buch, wie etwa die Erwähnung des Tennisspielers Roger Federer, und der Autor verrate bereits im ersten baseldeutschen Satz, den er verwende, dass seine Wiege in Riehen (einer der Landgemeinden des Kantons Basel-Stadt und im Prinzip ein Stadtteil) und somit näher beim deutschen Lörrach stand ...

Muss man in einer Stadt geboren sein, aufgewachsen sein oder gewohnt haben, um über sie schreiben zu können? Die Annährung von außen ist ein Wagnis. Aber ist nicht jede Art von Annährung ein Wagnis? Jedes Porträt ist eine Anmaßung, eine Aneignung. Das angeblich Sichtbare, was da beschrieben wird, ist ein buntes Gemenge des Gesehenen mit Ergänzungen äußerer und innerer Art, Gefühlsreaktionen, Schätzungen. Man verknüpft und zieht Vergleiche mit Umgebungen und Umgebendem. Das Porträtierte ist dem Porträtierenden ein fluktuierender Komplex von Eindrücken aller Sinne und seelischen Assoziationen, von Sympathien und Antipathien, von Urteilen und Vorurteilen, Erinnerungen und Hoffnungen. Der Begriff »Porträt« kommt von lateinisch *protrahere*, herausziehen – also das Nichtsichtbare sichtbar machen.

Darf eine Deutsche über eine Schweizer Stadt schreiben? Darf eine Freiburgerin über Basel schreiben? Darf, darf, darf. Warum denke ich in diesen Grenzkategorien? Skrupel. Reflexhaft. Dass ich Deutsche bin, steht in meinem Pass. Dass ich in Freiburg wohne auch. Aber aufgewachsen bin ich in der Nähe von Stuttgart, in Schwäbisch Gmünd und in Ruppertshofen. Könnte ich also mit voller Legitimation über die baden-württembergische Landeshauptstadt schreiben oder die mittelgroße Stauferstadt an der Rems oder über mein Heimatdorf auf der Frickenhofer Höhe, wo ich seit über dreißig Jahren nicht mehr lebe? Oder über Freiburg, wo ich nicht aufgewachsen bin, sondern studiert habe und danach dreizehn Jahre lang hauptsächlich zum Schlafen war? Bin ich überhaupt eine Freiburgerin? Könnte man fragen. Und doch. Sie alle sind meine Orte, Ruppertshofen, Schwäbisch Gmünd, Stuttgart, Freiburg und Basel. Es gibt noch ein paar andere Orte, die mir gehören, London zum Bespiel (aber das ist eine andere Geschichte). Und dem Schriftsteller-Hallodri, genau wie dem Dichterfürsten, gehören selbstverständlich auch Paris und New York und vielleicht sogar Berlin.

Basel ist meine Stadt. Meine Schweizer Stadt. Meine. Das würde ich über keine andere Schweizer Stadt sagen. Und ja, für mich ist es eine Schweizer Stadt, einfach weil es eine Stadt in der Schweiz ist, auch wenn sich die Basler im Zweifelsfall gar nicht als Eidgenossen sehen, auf keinen Fall aber als typische Schweizer, also wehrhafte, praktisch veranlagte und autarke Inselbewohner – so in etwa die weitgehend realitätsferne Wunschvorstellung der recht konservativen Volksparteiler, die in Basel übrigens rein gar nichts zu melden haben. »Basel tickt anders«. Mit diesem Slogan hat sich die Stadt lange selbst beworben. Manchen geht der Spruch auf den Keks, das liegt vielleicht auch daran, weil »anders« für sich genommen keine Aussagekraft hat. Anders als wer oder was? Inwiefern anders? Auf keinen Fall ist dieses Anderssein als Arroganz auszulegen. Wer so denkt, zeigt nur, dass er die Baslerinnen und Basler überhaupt nicht verstanden hat.

Warum ist Basel meine Stadt? Ich habe hier dreizehn Jahre lang gearbeitet. Vermutlich habe ich in diesen dreizehn Jahren mehr wache Zeit in Basel verbracht als an jedem anderen Ort der Welt, auch wenn ich viel für meine Firmen geschäftlich unterwegs war. Die beiden Konzerne, an deren Hauptsitzen in Basel ich tätig war, hätten trotz aller strukturbedingter Ähnlichkeiten nicht unterschiedlicher sein können. Zumindest habe ich sie vollkommen unterschiedlich erlebt. Die eine seit über hundert Jahren aufs Tiefste verwurzelt am Rheinknie, die andere ein fusionierter Wanderzirkus, der zufällig an einem Ort sesshaft geworden ist, an dem sich die äußeren Standortbedingungen als besonders günstig erwiesen haben.

Es heißt, die Herkunft prägt einen Menschen. Das ist wohl wahr. Aber genauso wie nicht die Kindheit an allem schuld ist und auch nicht die Eltern, sondern wir immer wieder neu geprägt werden, von den Menschen, auf die wir treffen, mit denen wir uns umgeben, mit denen wir ein Wegstück gehen, werden wir auch geprägt von den Orten, an die wir uns begeben. Sie werden Teil von uns, nicht zuletzt, weil sie in uns neu entstehen. Mein Basel ist nicht das Basel von Beat, auch nicht das von Frisch (der sowieso Zürcher war) oder Sulzer oder Schneider. Ich sehe was, was du nicht siehst.

Als ich zum ersten Mal in die Stadt kam, war mein Bild ein anderes als vor zehn Jahren oder als es heute ist. Es bestand aus einer weißen mentalen Landkarte mit undifferenzierten Vorurteilsflecken. Mit der Zeit bildeten sich Erfahrungsinseln, die sich ausdehnten und verbanden. Die Gegenden, in denen Drachen wohnen, sind heute aus meinem Basel weitgehend verschwunden. Das heißt aber nicht, dass mein Basel-Bild in Stein gemeißelt ist. Es ist im Wandel und changiert bei jeder Begegnung, immer wieder erhält es neue Impulse. Wie man etwas sieht und was man überhaupt wahrnimmt, hängt von verschiedenen inneren und äußeren Faktoren ab. Die eine Hälfte bringt man mit – die eigene Erfahrung, das Wissen, die momentane Stimmung –, die andere Hälfte ergibt sich durch die Sichtweise derer, mit denen man geht oder von denen man sich führen lässt. Meine Freundin Sonja Maria zum Beispiel, die in Kleinbasel als Fotografin lebt, als Künstlerin, aber auch als Mutter, als Frau, hat ihre eigenen Perspektiven auf die Stadt, und wenn wir miteinander herumspazieren und zusammen den Blick schweifen lassen, entdecke nicht nur ich neue Dinge in »ihrer« Stadt.

Und auch innere Prozesse können den Blick auf einen Ort verändern, vielleicht verklären, manchmal schärfen. Nachdem ich Basel damals als Arbeitsstätte verlassen hatte, war ich noch lange Zeit fast täglich dort – in der Fantasie, in der Erinnerung –, obwohl ich physisch an einem Schreibtisch in Freiburg saß. Die Stadt in ihrer Grenzlage und als Tor zur globalisierten Welt spielt eine wichtige Rolle in meinem Debütroman. Es ist kein Basel-Roman, da gibt es andere, aber der Roman wäre ein anderer geworden, wenn er nicht in Basel spielen würde.

Schreiben ist ein Erkenntnismittel. Was ich erst beim Schreiben entdeckt habe: wie nah meine restpietistische Sozialisation, die ich selbstredend dem Helden meines Romans, Harald Klein, untergeschoben habe, an der Basler Mentalität liegt. Zwischen den Baslern, Harald und mir gibt es eine Art Seelenverwandtschaft. Wir alle teilen uns einen bescheidenen, leicht schambesetzten Größenwahn. Mein Geburtsname, Berroth, ist ein Hugenotten-Name. In Basel wimmelt es nur so von Hugenotten-Namen. Es ist vermutlich kein Zufall, dass mich die Schönheit der Stadt beeindruckt und beruhigt, der zurückhaltende Reichtum, das Aufgeräumte, die Kunstaffinität, das bürgerliche Engagement, das gleichzeitige Bewahren von Traditionen und Fördern von Neuem, auch Subversivem, Unverständlichem. Und dann gibt es dieses Nebeneinander von Winkelgassen und Hochhäusern, von Historie und Moderne, was mir auch an London so gut gefällt. Und die Offenheit. Und das Wasser.

Die literarische Annäherung an einen Ort ist immer auch eine Auseinandersetzung mit sich selbst. Anders als ein Reiseführer hat sie keinen Anspruch auf Faktentreue und Vollständigkeit. Anders als das Stadtmarketing verfolgt sie keine Absichten. Literatur bricht Erwartungen. Sie ist subjektiv, fragmentarisch, unabgeschlossen und immer ein bisschen zusammengelogen. Im besten Fall kann man sie genau deshalb mit Gewinn lesen.

»Fast alle Schriftsteller sind größenwahnsinnig«, sagt Ernst-Wilhelm Händler. Schriftstellerinnen auch. Während Beat Frischs Tagebucheintrag aus dem Kopf zitiert: »[…] das plötzliche Gefühl von fremder Stadt, der Rhein, wie er in silbernem Bogen hinauszieht, unser Verlangen nach Wasser, das uns verbindet mit allen Küsten dieser Erde […]«, verwandle ich mich probeweise in einen Mann mit schwarzer Hornbrille, die Hände in den Hosentaschen, rauchend. Und alle Skrupel fallen von mir ab.

Grenzgänger

Dann geh doch in die Schweiz, sagten sie zu mir. Da brauchen sie solche wie dich. In Basel gibt es große, internationale Firmen mit Abteilungen, in denen Menschen wie du unterkommen und ein gutes Auskommen finden können. Menschen wie ich. Das sind Menschen, die bei der Wahl ihrer Studienfächer ihrer Neigung und weniger der Nützlichkeit gefolgt sind und am Ende nichts können außer ein bisschen besser zuhören und ein bisschen besser schreiben als andere. Denken vielleicht noch. Nach meinem Magisterabschluss in Germanistik und Anglistik, den ich wohlweislich einem direkt in den Schuldienst mündenden Staatsexamen vorgezogen hatte, nicht nur zu meinem eigenen psychosozialen Wohl, sondern auch dem aller potenziellen zukünftigen Schüler, schaute ich ein wenig ratlos auf das je nach Blickrichtung eng begrenzte oder unbegrenzte Feld der beruflichen Möglichkeiten und Unmöglichkeiten. Auch die anschließende Promotion in der Linguistik änderte daran nichts, nur dass ich mir nun sicher war, keine akademische Laufbahn verfolgen zu wollen.

Dann geh doch in die Schweiz.

Die werden gerade auf mich gewartet haben. Die Schweizer. Das waren in meiner Vorstellung genau zwei Personen, der Onkel Louis und die Tante Emmi aus Zürich, auch genannt »der Lui« und »das Emmi«. Er trug gelbseidene Hemden mit Wappenmuster und helle Anzüge, sie erschien stets im knielangen Kostüm und in Lackschuhen mit breitem Absatz für die Bodenständigkeit. Erscheinungshäufigkeit selten, nur zu hohen familiären Feierlichkeiten der Großelterngeneration.

In ihrer weißen Limousine verließen sie den Zürisee, setzten mit der Autofähre über den Bodensee und hielten auf Stuttgart zu, um dann irgendwann in die schwäbische Provinz abzubiegen, wo sie viel Aufsehen erregt hätten, wenn es Passanten auf der Dorfstraße gegeben hätte. Gab es aber nicht, und so blieb das Aufsehen auf den Kreis der Familie beschränkt, wo man sich eifersüchtig darum bemühte, einen möglichst großen Anteil der meist kurz bemessenen Besuchszeit abzubekommen. In meiner Erinnerung waren die Schweizer weißhaarig, perfekt frisiert und alterslos, sie lächelten freundlich, und ich verstand kein Wort von dem, was sie sprachen. Ich würde jetzt gerne schreiben: Sie schenkten mir Schokolade. Aber ich erinnere mich nicht.

Grenzen sind auf Landkarten und in Köpfen. Manchmal haben Kartengrenzen eine mentale Repräsentation in unserem Bewusstsein, manchmal nicht. Wenn ich heute mit meinen Kindern nach Frankreich, ins Elsass fahre und sage, hier war früher die Grenze, wie Erwachsene das zum Leidwesen der Kinder gerne tun, sagen, was oder wie es früher war, dann schauen sie mich zweifelnd an, als ob ich sagen würde, früher gab es hier Drachen. Mama, wen interessierts? Wir leben in einer Grenzregion ohne sichtbare Grenzen. Aber wenn wir bei Basel über die Grenze fahren, vorbei an Lastwagen, und uns im Schritttempo in die richtige Verkehrsleitkegelgasse »mit Vignette« einreihen, drehen wir auch heute noch die Musik leiser, und während ich Ausschau halte, ob ausnahmsweise einer der Grenzer mit sehr neutralem Gesichtsausdruck in seiner dunkelblauen Uniformjacke mit den extrabreiten Schultern und der kugelsicheren Weste außerhalb seines Häuschens steht, streift mich jedes Mal der Gedanke, dass ich die Kinder gar nicht ausweisen könnte, wenn jemand fragen würde, weil sie im Alltag keine Ausweispapiere mit sich herumtragen, denn, was man nicht dabei hat, kann man nicht verlieren. Dieser vage Gedanke wird verdrängt von dem durch jahrzehntelange empirische Erfahrung gestützten Glaubenssatz, mit einem Freiburger Nummernschild werde man sowieso nicht kontrolliert. Wir gehören halt doch dazu, denke ich dann. Genauso wie die Lörracher mit ihrem LÖ auf dem Autokennzeichen. Alles Alemannen. Dreiländereck. Aber da haben wir schon wieder Gas gegeben und befinden uns auf der vielspurigen Stadtautobahn, auf der die meisten Reisenden vorbei an Basel fahren, nach Zürich, nach Bern, nach Luzern oder gleich zum Gotthardtunnel und wieder raus aus der Schweiz.

Diese Stadtautobahn ist ein mächtiges Bauwerk, das teils auf Betonstelzen steht und teils unterirdisch verläuft und so Aus- und Einblicke auf die Stadt gewährt, die bei den Durchfahrenden ein trügerisches Bild hinterlässt. Was man sieht, ist ein weitläufiges Industriepanorama, Fabrikhallen, Bürotürme, Schornsteine und Wasserdampffahnen im Himmel, und schon verschwindet die Fahrbahn in einem sechsspurigen Tunnel mit Zufahrten und Abfahrten, dass einem schwindelig werden kann. Zurück an der Erdoberfläche erreicht man im Schatten der Roche-Türme die Schwarzwaldbrücke, wo, wenn der Verkehr es zuließe, bei der Rheinüberquerung ein kurzer Blick aufs Münster zu erhaschen wäre, aber da wartet schon die Verzweigung Hagnau, ein Straßengewirr, das von oben betrachtet aussieht, als hätte jemand riesenhafte Notenschlüssel übereinandergeworfen.

Früher dachte ich deshalb, Basel sei eine hässliche Industriestadt. Und dann dachte ich eine Weile, die Basler wollten unbedingt das Geheimnis wahren, wie schön ihre Stadt ist, und möglichst viele Leute möglichst weit draußen aus der Innenstadt halten. Aber irgendwann haben sie dann ein hundert Quadratmeter großes Plakat aufgehängt, an einer Hochhausfassade kurz nach dem Grenzübergang, das ein Postkartenbild von Münster, Pfalz und Rhein zeigte. »Visit Basel«, stand darauf.

Dann geh' doch in die Schweiz.

Meine Bewerbungsmappe landete auf dem Schreibtisch des Kommunikationschefs von Roche und führte zu einer Einladung zum Vorstellungsgespräch mit zwei freundlichen Herren, die sich als Redaktoren der hauseigenen Roche-Nachrichten vorstellten, von denen der eine tatsächlich ein seidenes Hemd trug, allerdings dezent in Dunkelgrau gehalten. Nach einer umständlichen Anmeldeprozedur an der Pforte, die dort Porte hieß, führten mich die beiden offensichtlich mit größtem Vergnügen in die Kantine. Dort gab es schwarz gekleidete Kellner und weiße Tischdecken und Stoffservietten und ein Nachtischbuffet. Ich machte große Augen, wir redeten über Literatur, und ich verstand jedes Wort. Sie seien Basler, sagten sie, als ob das etwas erklären würde. Sie hießen Marcus und Peter. Wir duzten uns und ich unterschrieb einen Arbeitsvertrag. Dass das die Direktionskantine gewesen war, wurde mir erst später klar.

Haben Sie schon mal versucht, einem Amerikaner den Übergang von Siezen zu Duzen zu erklären? »Can I say you to you?«, fragte mein Kollege Marty aus New York. Wir fingen im gleichen Jahr in der Grenzacherstraße an. Konzernleitungsbau. Waren praktisch Büronachbarn. Nur dass ich ein Corporate Rookie war und Marty knapp zwanzig Jahre Roche-Vorsprung hatte. Basel-Rookies waren wir beide. Er brachte seinen schweren Roche-USA-Rucksack mit und ich ein Rollköfferchen mit akademischer und journalistischer Erfahrung. Er sei einst eher zufällig in die Unternehmenswelt geraten, erzählte er gerne. Habe eigentlich von einer Schreibkarriere geträumt, New York Times vielleicht. Während er in Woodstock gefeiert habe und nicht lange danach durch Europa getourt sei, habe nichts ferner gelegen als Big Pharma und die Schweiz. Und Basel. Man hatte ihn als eine Art Verbindungsoffizier vom Hudson an den Rhein berufen mit einer schier pharaonischen Aufgabe, in etwa so wie die Vereinigung Ober- und Unterägyptens: Er sollte helfen, den transatlantischen Roche-Dualismus zwischen der Zentrale in Basel und der stolzen amerikanischen Niederlassung in Nutley zu überwinden. Mir als Großkonzern-Rookie erschien das alles schleierhaft. Was ich verstand: Das war nun also ein Expat, einer dieser hochqualifizierten Stadtbewohner auf Zeit mit Arbeitsvertrag im Ausland. Nach Basel lockt man sie mit unschlagbaren Standortvorteilen: Rheinschwimmen, saubere, sichere Straßen und dem Versprechen, dass sie Englisch sprechen dürfen. Dann geh' doch in die Schweiz!

»Can you say you to me?«

»Ja, klar.«

»So, what's the difference?«

»Well, *Sie* is polite. Höflichkeitsform.«

»If I call you *Du*, I'm not being polite?«

Doch, aber mit weniger Distanz. Irgendwie. Also wer ist zu wem wie und warum höflich und wann und nach welchen Regeln wird das dann aufgegeben? Selbst wenn Sie die Theorie erklären können, stoßen Sie spätestens dann an praktische Grenzen, wenn Sie sich in der Schweiz oder in einem internationalen Umfeld befinden oder beides. »Hallo, ich bin der Rolf«, sagte mein Chef-Chef zu mir, nachdem ich meinen Arbeitsvertrag unterschrieben hatte, eben jener Kommunikationschef, Konzernleitungsmitglied mit klimatisiertem Eckbüro. Okay. Rolf. Der Einzige, der konsequent bis zum Schluss beim Siezen blieb, war der Vorstandsvorsitzende, der meldete sich sogar am Telefon mit »Hier ist der Dr. Humer«. Aber er war ja auch Österreicher.

Rolf war einer der ersten Menschen, bei denen ich sprachlich an meine Grenzen kam. Dachte ich zumindest. Als enthusiastische junge Mitarbeiterin und vielleicht auch ermuntert durch die vermeintliche Distanzlosigkeit des Duzens brachte ich oft Verbesserungsvorschläge für kleine und große Missstände vor, die mir von außen kommend und mit gesundem Menschenverstand betrachtet – noch fehlte mir ja die fachliche Qualifikation – aufgefallen waren. Seine Reaktion war bisweilen harzig (nicht zu verwechseln mit herzig), ein treffender Ausdruck für einen zähen Prozess des Sich-aufeinander-Zubewegens, aber im festen Glauben an die Macht der Kommunikation, die uns nicht zuletzt abteilungsmäßig einte, versah ich jeden neuen Vorstoß mit zunehmend wortreichen Erklärungen, wog Pro und Contra proaktiv ab, darauf bedacht, sämtlichen Gegenargumenten bereits im Vorfeld das Wasser abzugraben. Er musste eigentlich nur noch Ja sagen. Und Rolf? Der faltete seine gepflegten Hände auf dem Schreibtisch, beugte sich kaum merklich nach vorne und deutete mit leicht geöffnetem Mund ein Lächeln an. »Ha, Daniela«, sagte er dann. Ha. Es erschloss sich mir nicht, ob dahinter ein Ausrufezeichen oder ein Fragezeichen stand. Er bügelte alles mit gleichbleibender Freundlichkeit ab, ohne jemals Nein zu sagen. Und wenn sich mein jüngeres Ich lautstark bei den Kollegen beschwerte, der Chef-Chef verstehe mich einfach nicht, dann lächelten Marcus und Peter und sagten beschwichtigend: Der Rolf sei Zürcher. Als ob das alles erklärte.

Das Wort Gschdürm, also Gestürm, abgeleitet von »mit wehenden Fahnen und Pauken und Trompeten einfallen«, eine aus Schweizer Sicht sehr deutsche Art der Grenzüberschreitung, kannte ich damals noch nicht.

Was ich wohl kannte, war die Tatsache, dass Menschen besonders gerne in Gegensätzen denken. Die Neigung zum Dualismus scheint uns angeboren und muss wohl evolutionär sinnvoll sein, beginnend mit der Unterscheidung von »ich« und »du« und »mein« und »dein«. Abgrenzung und Zugehörigkeit dienen der Identitätsbildung. Wir. Ihr. Interessanterweise ist es mitunter eine Frage der Perspektive, zu welcher Gruppe man als zugehörig gesehen wird, und die gefühlte Gruppenzugehörigkeit kann sich schlagartig oder durch einen schleichenden Prozess ändern. Ein Beispiel den schwäbisch-badischen Dualismus betreffend: Von Geburt und

Herkunft bin ich Schwäbin, lebe aber schon deutlich länger in Baden, als ich je in Württemberg gelebt habe. Inzwischen ist so viel Badisches in mich diffundiert, dass ich die strukturelle Arroganz, mit der der dicke östliche Landesteil gerne über das schmale westliche Anhängsel hinweggeht, durchaus persönlich nehme. Die Schweizer hingegen halten sich mit derartigen Haarspaltereien nicht auf und bezeichnen alle, die aus dem »großen Kanton« nördlich ihrer Landesgrenze kommen, als »Schwobe«, also Schwaben. Auch die Badener. Unsichtbare Grenzen sind allgegenwärtig. Sie scheiden angeblich sich gegenseitig ausschließende Prinzipien voneinander, weil nichts so sehr vereint wie ein gemeinsamer Gegner. Herauszufinden, woran sich die Geister in Basel scheiden, dauert nicht besonders lange. Da gibt es den Dualismus von Basel und dem Rest der Eidgenossenschaft zum Beispiel – früher, so sagte man mir, sei auf dem Aeschenplatz ein Verkehrssignal gestanden, das zeigte nach Osten und darauf stand »Schweiz«. Dann hätten wir den Dualismus von Basel und Zürich. Oder den Dualismus von Basel-Stadt und Basel-Land. Oder der Dualismus von Großbasel und Kleinbasel. Oder den Dualismus von Roche und Novartis, den Nummern zwei und drei der umsatzstärksten Pharmaunternehmen der Welt. Je ähnlicher man sich ist, desto größer der Bedarf nach Abgrenzung.

Ich war also Grenzgängerin geworden, hatte die ideelle Grenze zwischen Elfenbeinturm und freier Wirtschaft überschritten und pendelte fortan werktäglich über die reale Landesgrenze hinweg nach Basel-Stadt, genau wie vielleicht zweitausend andere Freiburger auch. Es heißt, etwa jeder Sechste, der im Doppelkanton arbeitet, lebe entweder in Deutschland oder in Frankreich. Betrachtet man nur die Pharmabranche, ist Schätzungen zufolge jeder dritte Arbeitnehmer ein Grenzgänger. Eins, zwei, drei. Marcus, Peter, Daniela.

Das Verkehrsmittel meiner Wahl war der ICE, in nur vierzig Minuten zur Arbeit. Schnell, bequem, sicher. Je nach

Perspektive ein akzeptabler Arbeitsweg – da lachen die Berliner nur oder die Londoner oder Marty aus New York. Zugegeben, ein bisschen Schönrederei ist dabei. Von Haustür zu Haustür gerechnet, also vom Aufschließen des Fahrrads in der Garage über die Fahrt zum Bahnhof bei Wind und Wetter und im engen Rock mit Stöckelschuhen und der nervigen Parkplatzsuche – ja, auch Fahrradparkplätze können verdammt rar sein – und dem kurzen Fluch, weil man sich mal wieder an den nassen Reifen oder der öligen Kette beim Abschließen eingesaut hatte, und der langen Schlange beim Bäcker, in die man sich ungeduldig einreihte, um den dringend benötigten Kaffee zu bekommen, den man sich zu Hause verkniffen und lieber noch mal auf die Snooze-Taste des vor sechs Uhr klingelnden Weckers gedrückt hatte, und dem von Jahr zu Jahr schlimmer werdenden Gedränge, dem Hauen und Stechen um einen Sitzplatz um sieben Uhr morgens, bis zum strammen Spaziergang in die Grenzacherstraße, auch in Stöckelschuhen, so gerechnet also dauerte der Arbeitsweg dann doch über eine Stunde. Ein Weg. Wäre das Auto eine Alternative? Das muss man wohl mit einem entschiedenen »vielleicht« beantworten. Es gibt viele gute Gründe, sich gegen das Autopendeln zu entscheiden. Ganz sicher aber hätte ich dann heute ein paar Freunde weniger.

Aus einem Arbeitsplatz wird eine Arbeitsheimat, und je länger das geht, desto mehr schwächt sich der vordere Teil des Kompositums ab und das Heimatgefühl bleibt übrig, und das nehmen die Pendler jeden Abend mit in ihre Schlafgebiete. So ist in Freiburg eine sehr spezielle Art von Basler Diaspora entstanden, ein Kleinst-Basel an der Dreisam sozusagen, eine Minderheit fern ihres Arbeitszentrums, die von einer zuweilen traumatischen Wanderungsgeschichte geprägt ist. Und wie es sich für eine durch gemeinsame Werte (Schweizer Franken) und Ziele (Basel) und Traumata (Deutsche Bahn) verbundene Gemeinschaft gehört, haben sich zur Bewältigung der täglichen Grenzüberschreitungen Übergangsriten herausgebildet.

Morgens etwa. Was Gelegenheitszugfahrer, die sich aus Versehen in der Früh aufs Gleis drei des Freiburger Hauptbahnhofs verirren, nicht wissen können: Es gibt Stammplätze und die Vorhersagegenauigkeit, wo der ICE zum vollständigen Halt kommen wird, ist Teil einer Geheimwissenschaft, die sich auf komplexe Berechnungen aus Wagenstandsanzeige, Einfahrtgeschwindigkeit und Abbremsvorgang gründet. Und auf lange Versuchsreihen. Wir sind ja nicht in Japan. Dort soll es Markierungen am Bahnsteig geben, die exakt anzeigen, wo sich die Türen eines Zuges befinden werden. Wir haben es aber mit der Deutschen Bahn zu tun. Nicht zuletzt deshalb haben sich unter den Basel-Pendlern Verhaltensweisen herausgebildet, die denen des Jagens im Rudel nicht unähnlich sind. In meinem Fall waren wir ein Team aus drei Löwinnen, deren erklärtes Ziel es war, ein Abteil zu erobern. Uli, Caro und ich positionierten uns stets in einer Linie, die durch geschicktes Verschieben garantierte, dass eine von uns die Erste an der Tür sein würde. Wenn nicht gerade Uhren- und Schmuckmesse in Basel war und die halbe Welt im Umkreis von siebzig Kilometern sämtliche Unterkunftskapazitäten ausschöpfte und unverschämterweise den ICE ausreservierte, klappte das eigentlich immer. Meistens. Sehr oft. Das Abteil war unser temporäres Wohnzimmer, unser Konversationssalon, wir drei als harter Kern plus, je nach Verfügbarkeit von Plätzen, drei weitere Pendler in wechselnder Besetzung.

Oder am Abend. Uneingeweihte, die zwischen siebzehn und neunzehn Uhr von Basel mit dem Fernzug nach Norden reisen wollen, sollten bis Freiburg den Bistrowagen meiden. Ab Basel Schweizer Bundesbahnhof sind dort alle möglichen Sitz- und Stehplätze mit Jacken, Mänteln, Aktentaschen und Laptoprucksäcken für die erst am Badischen Bahnhof, dem zweiten Halt in Basel, zusteigenden Mitpendler blockiert. Auf den beiden schmalen Tischen und dem einen runden Stehtisch warten vorbestellte alkoholische und nicht alkoholische Getränke. Pharmazeutinnen, Chemiker, Juristinnen, BWLer und geisteswissenschaftliche Management-Quereinsteigerinnen sowie medizinisches Fachpersonal versammeln sich hier zum allabendlichen Stelldichein, bei dem Branchengrenzen, Firmengrenzen, Abteilungsgrenzen und Hierarchien keine Rolle spielen. Unter Pendlern sind wir alle gleich. Es heißt, langjährige Paare würden kaum länger als zehn Minuten am Tag miteinander reden. Der Zug von Basel nach Freiburg fährt viermal so lang. Da erfährt man eine Menge voneinander. Von der Wiege bis zur Bahre gibt es nichts, was hier nicht zur Sprache kommen könnte.

Durch zwei Schwangerschaften wurde ich so begleitet. Angefangen von dem Tag, an dem ich von Bier auf Bionade umstieg und mir treffsicher sofort gratuliert wurde, bis kurz vor der Entbindung – in Basel ist man der durchaus richtigen Ansicht, dass eine Schwangerschaft keine Krankheit sei und man somit auch, wenn man das wolle, bis zum letzten Tag arbeiten könne. Von einer spektakulären Bistro-Geburt kann ich leider nicht berichten, die ist mir in den all den Jahren nicht begegnet, und ich habe auch noch nie davon gehört. »Leider«, meine ich aus rein erzählerischer Sicht. Wäre das nicht eine tolle Geschichte? Einsetzende Wehen, ist ein Arzt zur Stelle (selbstredend), Notarzteinsatz im Zug, das Kind wird getauft auf viele Namen, ein Grenzübergangsbaby, hier und da zu Hause, zweistaatig, zweisprachig. Es gab Zeiten, da wurden aus solchen Geschichten Gründungsmythen, die Vereinigung von Unter- und Oberägypten, so was in der Art, der Träger der gesamtalemannischen Doppelkrone. Egal.

Jedenfalls nimmt man im Bistrowagen regen Anteil aneinander, am Werden und Vergehen, verfolgt wachsende Bäuche und langwierige Projekte in allen tagtäglichen Einzelheiten, etwa einen Hausbau oder eine Renovierung, begleitet fremden Nachwuchs vom Kindergarten bis zum Abitur. Und wenn es schon keine dramatischen Geburtsszenen gibt, romantische Geschichten ließen sich sehr wohl erzählen. Wie die von Matze und Natalie, die im Laufe der Jahre aus ihren ursprünglichen Beziehungen hinaus in eine große Liebe hineingependelt sind.

Dabei ist nicht alles schön und leicht. Es gibt auch Schicksalsschläge, Krankheiten, Todesfälle. Dann sagt man Ja und nickt und schweigt und stößt die Flaschen aneinander. Bewältigung von Übergängen. Und man verhandelt auch die kleinen Tode, bei denen niemand stirbt: Arbeitsplatzwechsel, Restrukturierungen, Kündigungen. Unfreiwillige und freiwillige.

Mein Abschied aus Basel nach dreizehn Jahren war freiwillig und hatte weder mit der Stadt noch mit dem Pendeln etwas zu tun. Nichtsdestotrotz wurde meine Entscheidung, den sicheren Job fürs unsichere Schreiben einzutauschen, im morgendlichen Waggonabteil und abendlichen Bistrowagen gesprächstherapeutisch eng begleitet bis hin zu konkreten Vorschlägen für potenzielle Romantitel (»Tagträume am Tuniberg«, »Gundelfinger Romanze«, »Die Liebenden vom Rheinknie«). Und bis heute kommen Uli, Caro und ich mindestens einmal im Jahr zu einer Art Alumni-Treffen zusammen, um gemeinsam die vergangenen und gegenwärtigen Absurditäten des Großkonzernlebens zu feiern. Ich erzähle dann manchmal was aus dem Literaturbetrieb, und wir lachen über so manche Parallele. »Ist fast wie bei uns«, sagt Caro. »Nur ohne Geld«, sage ich. Und dann reden wir mal wieder über unseren Plan, nach Interlaken zu fahren. Für uns drei vom Abteil ist Interlaken so was wie Panama für Janoschs kleinen Tiger und kleinen Bären. Oh, wie schön ist Interlaken! Denn dahin fuhr der Zug, den wir am Badischen Bahnhof wegen der Arbeit und wegen des Pflichtbewusstseins täglich verlassen mussten. Direkt nach Interlaken. Thunersee, Brienzersee, Berner Oberland, Eiger, Mönch und Jungfrau. Eines Tages bleiben wir einfach sitzen und fahren durch! Wir haben es nie gemacht, und ich glaube, wir werden es auch nicht mehr machen. Sonst hätten wir doch einen Sehnsuchtsort weniger.

Aus den im Bistrowagen entwickelten Roman-Vorschlägen ist auch nichts geworden. War vielleicht nicht ganz mein Genre. Dafür habe ich eine Realsatire über einen namenlosen Konzern in Basel geschrieben. Den durfte ich dann sogar bei der Pendler-Weihnachtsfeier vorstellen. Noch so ein Ritual der Basel-Diaspora, bei dem auch Ehemalige gern gesehen sind. Einmal Grenzpendler, immer Grenzpendler. Zwischen Hauptspeise und Dessert saß ich auf der Theke der Bar mit übereinandergeschlagenen Beinen und las vor, wie mein Held Harald Klein zu seinem ersten Arbeitstag fährt – mit dem ICE nach Basel.

> *Am Bahnhof standen bereits zahlreiche Reisende in kleinen, gedecktfarbigen Gruppen zusammen. Unter den Mänteln schauten Anzugbeine und blickdicht bestrumpfte Waden hervor. Ellbogen klemmten Zeitungen, Hände hielten Kaffeebecher. Als der Schnellzug einfuhr, flossen die Grenzgänger zu dichten Trauben zusammen, die sich hin- und herschiebend in Erwartung der Türen in Stellung brachten.*

Ich las, wie Harald zum ersten Mal in der Kantine isst, wie er seinen Mitarbeiterausweis und ein Originalkunstwerk für sein Büro bekommt und einen Change-Management-Prozess durchläuft, der ihm genauso fremd und unheimlich vorkommt wie der Basler Morgenstraich – der wunderliche Fasnachtsauftakt um vier Uhr in der Früh …

Und Uli, Caro, Matze und Natalie amüsierten sich köstlich. Behaupteten sie jedenfalls. Eine andere Mitpendlerin gestand mir später, sie habe das Buch nicht zu Ende lesen können, weil es sie derart in Zweifel an ihrer beruflichen Situation gestürzt hätte. Sie hat bald darauf gekündigt.

Gegen Ende des Romans steht Harald an der Nordseite des Basler Münsters unter dem großen Rosettenfenster, auf dessen äußerstem Kreis steinerne Figuren reiten. Im Uhrzeigersinn stürzen sie sich um drei Uhr entschlossen hinein ins Ungewisse, fallen haltlos bis sechs Uhr auf den tiefsten Tiefpunkt, das Jammertal, das sie durchwandern müssen. Aber wenn das erst hinter ihnen liegt, dann fassen sie neuen Mut, sammeln ihre Kräfte bis neun Uhr und steigen und steigen, um sich zu den höchsten Höhen aufzuschwingen. Vom Werden und Vergehen erzählt das Rad des Lebens. Vom Werden und Vergehen erzählen die Grenzgänger zwischen Basel und Freiburg.

Wünsch dir was

Man kann auf der gemauerten Umrandung sitzen. Oder auf einer Bank. Aber auf der Mauer sieht man besser, nicht nur hinüber ans andere Ufer, sondern auch bis zum Fuß der Pfalz, wo die Münsterfähre namens »Leu« ihre Bahn über den Rhein zieht. Dreht man sich ein bisschen nach links, bekommt man die Mittlere Brücke mit ihren mächtigen Steinpfeilern aufs Foto, im unscharfen Hintergrund verstellt die Novartis den Horizont. Dreht man sich zur rechten Seite, kommt die Wettsteinbrücke ins Bild, die Trams und Autos und Velos und Fußgänger von Kleinbasel nach Großbasel trägt und umgekehrt, dahinter verschwimmen zwei weiße Treppentempeltürme im trüben Winterhimmel. Roche. Das andere Pharma-Schwergewicht mit Sitz in Basel. Die Münsterpfalz ist der Balkon der Stadt. Hier thront der Mensch über den Dingen, hier gewinnt er Übersicht. Wer noch höher hinauswill, der muss einen Turm besteigen. Wäre Basel Rom, dann wäre der Münsterhügel wohl der Palatin. Nicht ohne Grund steckt dasselbe Wort in Pfalz und Palast, lateinisch *palatium*. Es gab Zeiten, da versuchte ein gewisser Piccolomini, Basel in Rom zu verwandeln. Mit Worten. »Basilea […] aut Christianitas centrum aut ei proxima est.« (»Basel […] ist der Mittelpunkt der Christenheit oder aber dem Mittelpunkt denkbar nahe«). Mit Worten kann man die schönsten Paläste errichten, die größten Luftschlösser bauen, und man kann einen Ort vom Tiber an den Rhein verlegen. Oder man kann Geschichte umschreiben, wie es einem gerade ins machtpolitische Kalkül passt. Piccolomini war ein gerissener Hund, ein Dichter und Lebemann, und am Ende wurde er Papst und nannte sich Pius II.

Maksym steckt sein Handy weg. Seine Freundin rutscht von der roten Sandsteinmauer, wo sie eben noch posierte. Sie sind für ein Wochenende gekommen. Der Flug von Kiew nach Basel habe nur zweieinhalb Stunden gedauert und sei sehr günstig gewesen, erzählt Anna. Sie hat ihrem Freund den Ausflug geschenkt. Überraschung. Viel Zeit haben sie nicht, am Montag wartet schon wieder die Arbeit. Er ist Programmierer, sie verdient ihr Geld ebenfalls in der IT-Branche, obwohl sie lieber Kinderbuchillustratorin wäre. »Irgendwann vielleicht«, sagt sie. In den zwei Tagen ihres Aufenthalts müssen sie sich auf die touristischen Highlights der Innenstadt beschränken, auch wenn wir ihnen noch so viel vorschwärmen vom Dreiländereck, vom Schwarzwald, von den hübschen Dörfern im Elsass, von der Fondation Beyeler in Riehen, vom Vitra-Museum in Weil am Rhein, von der Ermitage in Arlesheim und der Römerstadt Augusta Raurica in Kaiseraugst. Sie hören gut zu und sammeln Bilder im Kopf von Orten, an die es dann beim nächsten Besuch gehen könnte und beim nächsten und beim übernächsten. Maksym arbeitet für eine IT-Firma mit Sitz in Basel. Er ist Teil des jungen Teams, das das Unternehmen vor einem halben Jahr in der Ukraine aufgebaut hat.

Jetzt ist Vorweihnachtszeit, auf dem Münsterplatz stehen dicht an dicht die Holzbuden unter den kahlen Kastanien. Die Bäume tragen Kronen aus Licht statt Blättern, wie in der Zeit eingefrorene, goldene Feuerwerkskugeln. Der Himmel über Basel verblaut schon, obwohl wir erst Nachmittag haben. Ich halte noch eine Kurzversion meines Lieblingsvortrags über das Lebensrad an der Nordseite des Münsters, dann schlagen wir uns durch die Budengassen. *Christmas market.* Ein Exportschlager made in Germany.

Der Weihnachtsmarkt in Basel hat gemessen am Nürnberger Christkindlesmarkt oder dem Straßburger Christkindelsmärik keine lange Tradition, es gibt ihn noch kein halbes Jahrhundert, dafür gilt er inzwischen als einer der schönsten in Europa und der meistbesuchte in der Schweiz, weit über eine halbe Million Menschen soll er jährlich anziehen. Wenn die Basler was machen, dann richtig. »Basler Weihnacht – hier werden Wünsche wahr«, wirbt das Stadtmarketing. Zugegeben, der Weihnachtsmarkt in Freiburg ist auch nicht viel älter. Vielleicht haben sich die Basler damals dort inspirieren lassen. Angeblich lag es an den Besuchern von südlich und westlich des Rheins, dass die Umsatzzahlen des zweiten Freiburger Weihnachtsmarktes um dreißig Prozent in die Höhe schnellten. Weihnachtsmärkte sind ein Phänomen der modernen Konsumgesellschaft. Touristenmagnet und veritabler Wirtschaftsfaktor. Hier ist von Glühwein über Gebäck und handwerklich-dekorativen Erzeugnissen so ziemlich alles zu finden, was das Herz begehrt, aber nicht braucht. Überall bedient sich das Phänomen derselben Formensprache und beruft sich auf dieselben Traditionen – ob in Tokio, Shanghai oder den Vereinigten Arabischen Emiraten. Und doch gibt es lokalspezifische Ausprägungen. Man kann sie mitunter blind erkennen.

Würde man mich mit verbundenen Augen in einem beliebigen oberrheinischen Weihnachtsmarkt aussetzen, den von Basel könnte ich am Geruch identifizieren. Auf die Kopfnote von Lebkuchen und Honigwachs folgen Glühwein und Bratwurst als Herznote, die Basisnote aber, von der es im Parfümeur-Handbuch heißt, man selbst und seine Umgebung nehme sie noch stundenlang wahr und sie beibe auf Kleidung sogar mehrere Tage haften, ist Käse. Geschmolzener Käse. Chäässchnitte, Chääsfondue und Raclette.

Wir lassen uns vom Budenkellner an einem Tisch mit rotweiß karierter Papierdecke platzieren und bestellen viermal

Fondue und Fendant. »Typical Swiss«, versichern wir Maksym und Anna, und natürlich können wir *Asterix bei den Schweizern* nicht unerwähnt lassen, auch wenn wir uns beim Versuch, die Geschichte nachzuerzählen, nicht einig sind, welcher Art denn nun die Bestrafungen bei fortgesetztem Brotverlust waren, abgesehen vom ultimativen »In den See!« Mit dem Rechaud, einem kleiner Tischbrenner für das Warmhalten von Speisen, und dem Caquelon, ein halbhoher, dickwandiger Steinguttopf mit Stiel, die der Kellner in der Mitte des Tisches platziert, kommt eine Erinnerung hoch. Wie ich auf Einladung der Hochschule St. Gallen an einem Tisch voll Studentinnen beim Abendessen saß. »Women in Leadership« oder so ähnlich hieß die Veranstaltung. Es ging um Rollenmodelle. Wir waren damit beauftragt, jungen Frauen Mut zur Karriere zu machen. Mit dabei, einem anderen Tisch vorsitzend, war Doris Gisler-Truog, die Frau, die mit ihrer Werbeagentur und dem sagenhaften Spruch »Fondue isch guet und git e gueti Luune«, kurz FIGUGEGL, in den Fünfzigerjahren dafür gesorgt hatte, dass heute praktisch jeder Schweizer Haushalt ein eigenes Käsefondue-Set besitzt. An dem Abend in St. Gallen hörte ich zum ersten Mal davon. Von wegen *typical Swiss*. Manche Traditionen wirken nur so, als ob sie tief in die Vergangenheit reichten. Während mich diese Erkenntnis damals amüsierte, bereitete mir etwas anderes Bauchschmerzen. Da saß ich an einem Tisch mit hochintelligenten, wachen jungen Frauen, die eine der besten Ausbildungen in Wirtschaft, Recht oder Internationalen Beziehungen absolvierten, die man überhaupt bekommen kann, und nach kürzester Zeit drehte sich das Gespräch nur noch um die Frage, wie man Kinder und Karriere unter einen Hut bringen könne und ob man da nicht besser zurückstecken solle, der Kinder zuliebe, das sei ja irgendwie auch biologisch bedingt, und eine sagte ganz leise, sie glaube, ihr Freund würde das dann schon erwarten, auch wenn er das nicht aussprechen würde. Noch auf der

Heimfahrt lagen mir ihre Sätze im Magen wie erkalteter Käse. Und ich war mir sicher, dass alles, was ich an Gegenargumenten hervorgebracht hatte, um ihre Zweifel zu zerstreuen, genauso wenig Wirkung gezeigt hatte, wie der Schnaps nach dem Fondue den Käseklumpen aufzulösen vermag. Manches ist zäh, kommt nur langsam vom Fleck und zieht lange Fäden in die Vergangenheit. Doris Gisler-Truog war übrigens auch federführend bei der Werbekampagne, die den Abstimmungskampf zur Einführung des Frauenstimmrechts in der Schweiz begleitete, rund zwanzig Jahre nach FIGUGEGL: »Den Frauen zuliebe – ein männliches JA.«

Anna schüttelt ungläubig den Kopf, als ich ihr erzähle, dass die Schweizer Frauen erst seit fünfzig Jahre wählen dürften. Jubiläum dieses Jahr, 2021. Es seien viele Veranstaltungen geplant gewesen, die aber nicht alle hätten stattfinden können. Wie so vieles nicht. Wegen Covid. Wie viele osteuropäische junge Frauen pocht Anna auf ihre Unabhängigkeit, sie ist gut ausgebildet, will es zu etwas bringen. Die Generation, der sie und Maksym angehören, orientiert sich nach Westen. Sie sind einem Leistungsdenken verhaftet, das uns hier fast schon überholt vorkommt, so wie der ungebrochene Glaube an die Marktwirtschaft.

Später gehen wir durch den goldenen Glanz der Basler Innenstadt, es ist angeblich noch die Original-Lichterkulisse aus den Sechzigerjahren, so hat es hier also in der Adventszeit schon vor dem Frauenstimmrecht ausgesehen und vor dem Weihnachtsmarkt, der sich heute über verschiedene Plätze der Stadt erstreckt. An einem Stand auf dem Barfüsserplatz kauft Maksym eine Schneekugel für seine Tochter, die an diesem Wochenende bei seiner Ex-Frau zu Hause ist. Er schüttelt das Glas, und die beschauliche Marktszene darin verwandelt sich in ein Chaos aus wirbelnden Flocken. Nur langsam klärt sich die Sicht, und die Flocken sinken verträumt auf die Dächer nieder.

Eine Stadt kann die Kleider wechseln, man kann sie ausstaffieren, behängen, ihr einen anderen Anstrich verleihen. Das Weihnachtsbasel wirkt anders als das Fasnachtsbasel oder das Messebasel oder das Sommerbasel. So wie Kleider Leute machen, können Kulissen Städte machen, sie mit Bedeutung aufladen. Vorübergehend. Nicht nur mit Worten hat man zur Zeit des spätmittelalterlichen Konzils versucht, Basel in Rom zu verwandeln.

Die Übersiedlung des im Haus zur Mücke am Münsterplatz gewählten Gegenpapstes Felix V., zuvor Herzog von Savoyen, vom Genfer See nach Basel wurde zu einem beeindruckenden Spektakel, für das die Stadt in aufwendiger Weise hergerichtet, mit Textilien und Tapisserien dekoriert und als Heilige Stadt inszeniert wurde. Auf den Straßen war Grün ausgelegt wie beim Einzug Jesu nach Jerusalem, an den Fenstern standen winkende Frauen und Kinder wedelten Fähnchen mit dem Savoyer Familienwappen. Bei der anschließenden Papstkrönung spielte die Basler Bevölkerung, die bis dahin nicht viel Anteil am Konzil genommen hatte, abgesehen von dem Geld, dem Ärger und der Pest, die mit den Konzilsteilnehmern und ihrer Entourage in die Stadt gekommen waren, die Rolle des römischen Volkes, dem es seit der Spätantike oblag, den Bischof von Rom, der als Papst zugleich für den ganzen Erdkreis zuständig war, durch Akklamation in sein Amt zu setzen.

Aber nichts davon war von Dauer. Obwohl das Konzil von Basel mit fast achtzehn Jahren das längste war und rund vierzigtausend Menschen in die Stadt brachte, hinterließ es kaum architektonische Spuren. Die räumlichen Bedürfnisse waren vor allem durch Holzeinbauten in bereits bestehende Gebäude verwirklicht worden, etwa die Konklavezellen im Haus zur Mücke, die Piccolomini als fragiles Provisorium aus Tannenlatten und Geflecht in den einstigen Tanzsälen beschreibt. Heilige Bretterbuden. Nachdem das Konzil zerschlagen worden war, wurde Rom fast rückstandsfrei wieder aus der Stadt entfernt. Den Rest hat dann die Reformation erledigt.

Maksym schüttelt erneut seine Kristallkugel. Die Weihnachtsfolkore im Dezember breite sich immer mehr in der Ukraine aus, sagt er. Säkularer Budenzauber. Religion sei etwas für alte Leute. Traditionell feiere die russisch-orthodoxe Kirche Christi Geburt nach dem julianischen Kalender erst im Januar. Wir kommen an einer mit Kunstschnee bestäubten Tanne vorbei, die voller handgeschriebener Botschaften hängt. Eine Wunschtanne. Auf den meisten Zetteln steht irgendwas mit Gesundheit und Corona. Aber es gibt auch konkrete Wünsche. Schnee für Weihnachten oder: »Lieber Gott, kann ich meinen eigenen Wolf haben?«

Maksym und Anna hängen Zettel auf. Mehr reisen wollen sie, wenn diese elende Pandemie endlich vorbei ist. Vielleicht einmal im Ausland arbeiten. Heiraten. Auf jeden Fall sollten wir nach Kiew kommen. Wir seien jederzeit willkommen. Zum Abschied überreichen sie uns eine große Tüte mit Pralinen. Sie haben sie nicht in Basel gekauft, sondern von zu Hause mitgebracht, die ukrainische Schokolade sei berühmt und ganz hervorragend. Zwischen den Pralinenschachteln stecken von Anna gestaltete Karten, sie zeigen windschiefe Häuschen wie aus Märchenzeiten, in denen das Wünschen noch geholfen hat.

Die Pandemie ist überstanden. Auf die Pandemie folgte der Krieg. In der Ukraine sind die Wölfe eingefallen. Die Träume, Wünsche und Pläne von Maksym und seiner Freundin haben sich in Luft aufgelöst. Und Kiew scheint plötzlich sehr weit weg vom trinationalen Flughafen in Basel.

Kinetische Energie

Schritt, Schritt. Trrrm, trrrm. Trrrm, trrrm. Jetzt pfeifen auch die Pfeifer, das Marschlied, das Marschlied. Jetzt pfeifen auch die Pfeifer, das Liedchen, das jeder kennt.

TRRRM, TRRRM. TRRRM, TRRRM
JETZT PFEIFEN AUCH DIE PFEIFER,
DAS MARSCHLIED, DAS MARSCHLIED.
JETZT PFEIFEN AUCH DIE PFEIFER,
DAS LIEDCHEN, DAS JEDER KENNT.
SCHRITT, SCHRITT. SCHRITT, SCHRITT.
TRRRM, TRRRM. TRRRM, TRRRM

Mit zugelärmten Ohren verschärfen sich die restlichen Sinne, der Verstand sucht Orientierung. Die Luft atmet sich kalt. Die Hände sind kalt. Die Füße auch. Vom langen Warten. Die Augen trauen sich selbst nicht, halten sich an schwankend schwebende Laternen über dem Klangmeer. Für die Dauer eines Blitzlichts tauchen menschliche Umrisse auf, dann sinken die Körper zurück in die Dunkelheit. Durch die Venen der Stadt fließen Lichtkörperchen und erwecken das große Tier zum Leben. Für zweiundsiebzig Stunden. Vier dünne Glockenschläge haben alles in Bewegung gesetzt.

Riesige Nasen wippen vorüber, leichenblasse Blähköpfe kauen winzige Pfeifen, mechanisches Hämmern auf Blech. Larven und Laternen ziehen ihre Bahn im Gleichschritt, unaufhaltsam und gleichgültig wie Naturgewalten. Die Zuschauer stehen stumm, weichen zurück, wenn nötig. Unter den Pfeilern der Mittleren Brücke fließt schwarz der Rhein.

Ein gekrönter Knochenmann tanzt heran, mit schlenkernden Armen und Beinen, und beäugt mich, den Kiefer aufgerissen, als wolle er etwas sagen. Auf der Rückseite seines Laternenwagens erscheint er in vielfacher Gestalt, wiegt sich mit einem dicken Bankdirektor, wirbelt einen blassen Manager im Bürostuhl umher, führt eine Herde Anzugträger in den Abgrund. »Als Lyych isch jede glyych«, lese ich. Schrillende Knochenflöten, prasselnde Maschinensalven.

Was mache ich hier? Ich gehöre nicht hierher, auch wenn ich brav meine kupferne Plakette trage, die mich zum Eintritt berechtigt. Ich stehe am Straßenrand wie jemand, der träumt und weiß, dass er träumt, während der Traum an ihm vorüberzieht. Nur die Kälte erinnert mich daran, dass ich wach bin. Ich reibe meine Hände. Die Erklärungen meines einheimischen Führers rauschen ohne Nachhall durch mein nachtleeres Hirn. Aufwärmen? Das verstehe ich.

In der großen Halle ist es hell und laut. Es riecht nach Angebranntem und nach Zwiebeln. Menschengesichter erscheinen unter hochgeschobenen Masken, Menschenhände balancieren Tabletts mit dampfender Suppe und Käsewürfeln. Ich bestelle Zwiebelkuchen und Mehlsuppe. Erwartungsvoll versenke ich meinen Löffel in der rötlich-braunen Flüssigkeit. Die Suppe brennt leicht auf der Zunge, lässt Brustkorb und Bauch erstrahlen. Zum ersten Mal in dieser Nacht habe ich das Gefühl, bei vollem Bewusstsein zu sein.

Während ich den Saal scanne, verfängt sich mein Blick an einer seidig glänzenden Gestalt, die sich gerade die Larve wieder vors Gesicht schiebt. Gewandt verstauen weiß behandschuhte Finger den Pferdeschwanz unter der schwarz-weißen Kapuze mit einem kleinen Hahnenkamm am Hinterkopf, dann steht sie auf. Das vertikal geteilte Kostüm unterstreicht ihre schmale Figur. Sie kommt. Ihr überzeichneter Kussmund leuchtet im weiß getünchten Gesicht, ein Schönheitspflaster sitzt auf dem hohen Wangenknochen, unschuldig blickt sie aus riesigen blauen Telleraugen auf meinen Begleiter. Sie kommt näher, senkt das Kinn, legt den Kopf leicht schräg, die Schellen an der Narrenkappe klingeln, sie geht vorbei. An der Tür blickt sie sich noch einmal lockend um, dann schlüpft sie hinaus. »Ein Ueli«, sagt mein Begleiter. Das sei eine der traditionellen Masken. Der mittelalterliche Hofnarr. »Warum ist keiner der Zuschauer verkleidet?«, frage ich. Mummenschanz und Totentanz seien Sache der Aktiven und eine ernste Angelegenheit. Überhaupt mache man in Basel so einiges anders als woanders. Diese Fasnacht sei im doppelten Sinn aus der Zeit gefallen, sie fange nicht nur später im Kalender an, nämlich am Montag nach Aschermittwoch, wenn für alle anderen Narren schon alles vorbei ist, sondern auch zu einer früheren Uhrzeit als überall sonst, punkt Glockenschlag um vier mit dem Morgenstraich. Die drei Fasnachtstage zwischen Morgenstraich und Endstraich, auch die »drei schönsten Tage« genannt, seien nur die Spitze des Eisbergs. Für echte Fasnachter sei das ein Jahresprogramm und Lebensinhalt. Schon im August, gleich nach den Sommerferien, begönnen erste Vorbereitungen.

Sämtliche Kunstfertigkeiten werden für die Fasnacht aufgerufen. Böse Zungen behaupten, die Fasnacht binde das gesamte kreative Potenzial der Stadt: bildende Kunst, Dichtung, Musik. Sujets muss man finden, Laternen und Larven entwerfen, basteln, bauen, bemalen, Verse für die Schnitzelbänke dichten. Pfeifen, trommeln und marschieren muss man üben. Nicht jeder findet das zu jeder Zeit gut. Deshalb gibt es Vorschriften. Lange war das Trommeln während des Jahres sogar verboten. Heute sind Marschübungen für die Fasnachtsgesellschaften, genannt »Cliquen«, und die blechblasenden Guggenmusiken im Freien ab dem fünften Wochenende vor der

Fasnacht erlaubt, allerdings nur in wenig besiedelten Gebieten der Stadtperipherie und den Landgemeinden. So steht es auf der Webseite des Fasnachts-Comités. Meist ist es zu dieser Jahreszeit kalt und dunkel, und die Menschen halten Türen und Fenster geschlossen.

Wo Verbote sind, finden sich Hintertürchen und Auswege. Damit man im Sommer in Basel aufs Trommeln und Marschieren nicht ganz verzichten muss, haben sie der Fasnacht kurzerhand ein neues Gewand gegeben und sie in »Tattoo« umbenannt. Weg mit den Larven und Kostümen, her mit den Schottenröcken und Galauniformen. Statt in der Dunkelheit zu frieren, schwitzen die zugeknöpften Aktiven im vollen Ornat in der Julisonne, während sich die Zuschauer in Badelatschen und Shorts betrommeln und bepfeifen lassen, bevor sie sich wieder dem Rheinschwimmen widmen. Über die Mittlere Brücke rollen museumsreife Militärfahrzeuge, gefolgt von Reiterstaffeln in olivgrünen Kampfanzügen und Stahlhelmen, dazwischen mittelalterliche Hellebardenträger und Fahnenschwinger, die an die Schweizer Garde des Vatikans erinnern, Spielmannszüge, Militärkapellen aus aller Herren Länder, eins, zwei, eins, zwei. Das Highlight sind die Dudelsacktruppen aus den Highlands, ein Höllenspektakel, das nur noch vom Überflug der Schweizer Luftwaffe beim großen Zapfenstreich am Abend in der historischen Basler Kaserne akustisch übertroffen wird. Hat sich der Fluglärm verzogen und sieht man vom militärischen Hintergrund ab, bietet sich den Zuschauern eine hollywoodreife Sommernachtsshow mit Tanz, Gesang und Taramtamtam, für die man an die Bewohner des Kasernen-Quartiers anfangs klugerweise Gratistickets verteilt hatte, um sie ein wenig über das tagelange Üben im Vorfeld hinwegzutrösten. Wer hat's erfunden und zum weltweit zweitgrößten Event dieser Art gemacht? Eine Trommeltruppe aus Basel. Und die Geschichte dazu folgt dem klassischen Aufbau eines Hollywood-Drehbuchs, der Heldenreise.

Es waren einmal sieben tapfere Tamboure, die sich von der Fasnacht kannten und gemeinsam die traditionelle Basler Trommelkunst pflegten. Eines Tages beschlossen sie, über sich hinauszuwachsen, und begannen, die Tradition mit anderen Stilen und visuellen Elementen zu vermischen. Ob sie sich deshalb Top Secret nannten, weil das ein Sakrileg war und zunächst im Geheimen zu geschehen hatte, ist mir nicht bekannt, würde die Geschichte aber ein bisschen dramatischer machen. Also geht das Script so weiter: Verborgen vor den strengen Augen des über die Tradition wachenden Fasnachts-Comités übten die sieben tapferen Tamboure und trommelten sich die Finger wund, bis sie einen Grad der Perfektion erreichten, der sie über alle Zweifel erhaben machte. Die Truppe trat ans Licht und trommelte zehn Jahre lang in aller Öffentlichkeit. Im Hollywood-Drehbuch käme es jetzt zum überraschenden Durchbruch, gefolgt von persönlichen Konflikten – der Streit um das Mädchen, die unheilbare Krankheit, die Entdeckung der verborgenen Verwandtschaftsverhältnisse …

Das richtige Leben schreibt die Geschichte so weiter: In dem Moment, in dem sich die Truppe auflösen will, werden sie zum bedeutendsten Tattoo der Welt nach Edinburgh eingeladen. Das gemeinsame Ziel schweißt sie zusammen, statt Aufhören ist Aufrüsten angesagt, erstmals muss eine Marchingshow konzipiert und einstudiert werden, neue Trommler kommen hinzu, Fahnenträger. Wieder scheinen die Hindernisse unüberwindbar.

Hoch oben über der Stadt, am Ende der Royal Mile, liegt Edinburgh Castle. Im Sommer verwandelt sich die Esplanade in eine Arena mit steil aufragenden Zuschauertribünen. Knapp neuntausend Menschen vor Ort und noch mal gut hundert Millionen vor den Bildschirmen erwarten den Auftritt von Top Secret. Da kommen sie, ganz in Schwarz und Weiß. Die Fahnen, die sie tragen, zeigen den Baselstab. Sie marschieren im Gleichschritt, wirbeln ihre Trommelstöcke im

Gleichklang, selbst die Federn an den breitkrempigen Hüten wippen synchron. Mit maschineller Präzision scheren sie aus, vereinigen sich wieder, bilden geometrische Figuren, dazwischen Szenen wie aus einem Mantel-und-Degen-Film, zwei Protagonisten lösen sich, liefern sich ein Trommelgefecht, um dann wieder in der Uniformität der Gruppe zu verschwinden. Das Tempo ist atemberaubend, schwindelerregend, die Ausführung fehlerlos. Großes Finale mit Lichteffekten und Feuerwerkskörpern. Vom ersten Schritt in die Arena hinein bis zum letzten herrscht äußerste Disziplin, da gibt es kein Winken und kein Zwinkern, obwohl das Publikum tobt. Zu keiner Zeit fallen die Tamboure aus ihrer Rolle – genau wie in der Fasnacht.

Der Auftritt in Edinburgh wird zum Triumphzug. Die Heimkehrer bringen die Idee des Tattoo nach Basel, welches dann wieder eine eigene Heldengeschichte ist. Die Trommeltruppe gibt es heute noch. Kürzlich standen sie mit Tom Cruise auf der Spanischen Treppe in Rom, um seinen neuen Hollywood-Streifen vorzustellen. Sie sind auch auf dem Soundtrack zu hören. Das Mission-Impossible-Thema in der Top-Secret-Version. Tam, tam, tamtam, tam, tam.

Nicht alle Einheimischen finden das Basler Sommertrommelspektakel gut und kommentieren mit spitzem Humor und scharfer Zunge. Die Hotellerie, Gastronomie und die Basel-Tourismus-Abteilung hingegen sind begeistert. In den besten Jahren kommen schon mal hundertzwanzigtausend Besucher zusammen. *Visit Basel.*

Die Fasnacht zieht auch Besucher. Man soll schon, darf schon kommen. Man darf am Rand stehen. Man darf zuschauen und zuhören. Nur sollte man sich unauffällig verhalten und die Klappe halten.

Die Basler gehen zum Lachen in den Keller. Das ist ein billiger Witz, aber an der Fasnacht sind auch nicht alle Späße auf höchstem Niveau, daran haben selbst die Seminare für angehende Schnitzelbänggler, quasi die Bänkelsänger der Basler Fasnacht, nichts geändert. Mein Fasnachtsführer hat mich in einen Cliquen-Keller geschleust. Ich verhalte mich möglichst unauffällig, lache höflich mit, wenn die anderen lachen. Witze über Zürich gingen immer, sagt mein Begleiter, da ernte selbst das dünnste Verslein laute Lacher. Den Zürchern sei das wurstegal. Ich nicke, erkenne Parallelen: Ich musste erst nach Freiburg kommen, um zu erfahren, dass von mir als geborener Schwäbin erwartet wurde, die Badener komisch zu finden, nicht komisch witzig, sondern komisch seltsam, weil die Badener die Schwaben nicht leiden könnten und deswegen nicht müde würden, Witze über sie zu machen. Zwanzig Jahre hatte ich in völliger Unkenntnis dieses Sachverhalts gelebt. Ich kann nicht sagen, dass mir etwas gefehlt hätte. »Asymmetrische Beziehungen«, sage ich schulterzuckend. Wir unterhalten uns flüsternd, um den laufenden Vortrag nicht zu stören. Vielleicht auch, damit wir uns nicht sprachlich outen. Er ist auch kein Basler. Auf der Bühne des Cliquen-Kellers stehen zwei Männer im Kostüm, einer trägt Gereimtes vor, einer präsentiert die passenden, handgemalten Illustrationen. Die Qualitätskriterien für Schnitzelbänggler sind: Baseldeutsch in Perfektion, möglichst wenige Worte und eine überraschende Schlusswendung. Thematisch gibt es keine Einschränkung. Man kann auch über Deutsche, Elsässer, Donald Trump oder König Charles Witze machen. Das Weltgeschehen ist genauso Ziel des Spotts wie die eigenen Unzulänglichkeiten. Ja, man macht auch vor sich selbst nicht halt, nicht vor der Chemie, nicht vor der Kunst, nicht vor dem Daig und nicht vor den ganz normalen Baslern, wer auch immer die sind. Die Spitzen, die gesetzt werden, sind nicht immer leicht als solche zu erkennen. Manche sind so subtil, dass man wahrscheinlich über eine spezielle genetische Disposition verfügen muss, die die Ausbildung eines hochsensiblen inneren Seismografen für Basel-typische Verwerfungen begünstigt.

Zurück zum kreativen Potenzial, das die Fasnacht nicht nur bindet, sondern auch freisetzt. Auf dem Theaterplatz vollführen in einem flachen Bassin Maschinengerippe ungelenke Bewegungen. Ein Apparat schöpft unablässig Wasser mit einer löchrigen Riesenkelle, einem anderen schießen Tränenfontänen aus dem gelockten Maskenkopf, einer müht sich mit zierlichen Füßchen strampelnd, andere rudern vor und zurück und spritzen in rhythmischen Stößen Wasserstrahlen durch die Luft. Maschinenmenagerie. Erschaffen hat sie jemand, den man gerne einen Sohn der Stadt nennt, auch wenn weder er noch seine Eltern hier geboren wurden. Immerhin wuchs er in Basel auf, machte eine Lehre als Schaufensterdekorateur, auch wenn er wegen groben Unfugs im hohen Bogen aus der ersten Lehrstelle flog, und besuchte die Gewerbeschule. Sein Name: Jean Tinguely. Das theatralische Maschinen-Wasser-Ensemble nennt sich »Fasnachtsbrunnen«. Der Titel erschließt sich nicht von selbst. Von Trommeln und Piccoloflöten ist weit und breit nichts zu sehen, nach Spuren der traditionellen Larven sucht man vergeblich. Des Rätsels Lösung liegt in seinem Ursprung. Ein großes Einzelhandelsunternehmen wollte zu seinem fünfzigsten Geburtstag der Stadt Basel ein Geschenk machen. Was schenkt man einer Stadt? Warum nicht einen Brunnen? Und vielleicht, um alles ein bisschen persönlicher und Basel-typischer zu gestalten, sollte es eben ein Fasnachtsbrunnen sein. Tinguely gewann die Ausschreibung und scherte sich nicht weiter drum. Einzig der Spott verbindet sein Werk mit dem angedachten Thema. Der Lockenkopf, gerettet aus dem Bauschutt des gesprengten alten Theaters, heult nämlich in Richtung Theaterneubau, der, als er neu war, kaum jemandem gefiel. Und wie man hört, war bei der Einweihung des Brunnens, zu der der Meister auf einem Kamel aus dem Basler Zoo geritten kam und ein ganzes Wasserballett aufgeboten wurde, einer der spritzenden Gesellen in Richtung Ehrengäste ausgerichtet, sodass sehr zur Freude der Schaulustigen der Gesamtregierungsrat unter Beschuss geriet.

Apropos Geschenk. Zum Hundertjährigen der Roche, wenige Jahre nach Tinguelys Tod, bekam der dann sein eigenes Museum. Oder anders: Die Stadt Basel bekam das Tinguely-Museum geschenkt. Direkt am Rhein, am Ende des Solitudeparks.

Im Fluss

Es ist verboten.

Helvetia interessiert das nicht. Sie hat Schild und Speer abgelegt. Hinter ihr steht ihr Koffer, den Mantel hat sie über die Brüstung gehängt. Sie sitzt mit rundem Rücken auf ihrem Terrasseneck, den Kopf in die Hand gestützt, und schaut in die andere Richtung, den Rhein hinab, weg von der Mittleren Brücke. Den Kranz hat sie abgenommen, hält ihn achtlos in der Linken. Vielleicht wirft sie ihn gleich ins Wasser, das heute dieselbe Farbe hat wie Bronze nach langer Zeit unter freiem Himmel. Was träumt sie? Nach was sehnt sie sich? Ich stehe neben der Skulptur von Bettina Eichin und beobachte den Menschenauflauf auf der Brücke.

Spring! Spring! Spring!

Es ist ein Männerchor, der so ruft. Anfeuerungsrufe. Dabei täte Abkühlung dringend not. Die Sommerhitze flimmert über den Straßenbahnschienen, die Tram rattert, rattert vorbei nach Großbasel, das Rattern geht über in rhythmisches Klatschen, der Chor wird wieder lauter. Passanten bleiben stehen, drehen die Köpfe, zeigen mit dem Finger, holen ihre Handys aus den Taschen. Der Rhythmus nimmt Fahrt auf so wie das Herz dessen, der mit nackten Füßen auf dem Brückengeländer steht und rheinabwärts schaut. Seine Zehen krümmen sich, versuchen, sich in den Stein zu krallen. Ein schlanker Mensch in schlotternder Badehose. Balanceakt. Er hat die Arme ausgebreitet. Der Kopf ist irgendwo im luftleeren Raum, wo es sich schwer atmet. Spring, ruft der Chor der unsterblichen jungen Männer.

Man müsste sich eine Geschichte dazu ausdenken.

So vielleicht:

Unterhalb des Solitudeparks treffen sie sich. Sie hat sich den Nachmittag im Kalender geblockt, das nächste Meeting erst auf sechzehn Uhr gelegt. In der Firmentoilette hat sie sich den Bikini angezogen, dann das blaue Kleid wieder darüber, das bisschen Unterwäsche wandert in die Handtasche. Sie lässt die Tasche im Großraumbüro. Geldbeutel, Handy, Schlüssel, nichts davon wird sie brauchen. Sie schließt alles in dem Rollcontainer an ihrem heutigen Arbeitsplatz ein. Früher hatte sie ein eigenes Büro, jetzt nicht mal mehr einen eigenen Schreibtisch. Open Space. Das klingt verheißungsvoll, nach Flexibilität und Abwechslung. Nur fühlt es sich irgendwie nach Entwurzelung an. Den Firmenausweis muss sie mitnehmen, sonst würde die Rückkehr in den Alltag später umständlich. Sie müsste den strengen Portier von ihrer Zutrittsberechtigung überzeugen. Er würde sie im System suchen müssen, vielleicht ihre Chefin anrufen. Es wäre ihr peinlich, erklären zu müssen, wo sie war. Obwohl nichts dabei ist, im Rhein zu schwimmen.

Er erwartet sie. Hält sich im Schatten, hat die Badehose schon an und immer noch das Hemd, das er im Sommer bis zu den Ellbogen aufgekrempelt trägt.

Ich habe das noch nie gemacht. Er lacht den Satz.

Alle machen das, sagt sie und küsst ihn zur Begrüßung auf die Wangen. Kollegial. Dann streift sie die Schuhe ab und das Kleid.

Kein Wasser schlucken, sagt sie, da stehen sie schon mit den Füßen im Kies.

Ich dachte, das ist sauber, sagt er und schaut zurück ans Ufer, wo seine Kleider neben ihren liegen. Ein kleines verlassenes Häufchen, als hätten sich die Menschen darin in Luft aufgelöst. Es ist gleichzeitig Versicherung und Mahnung, dass sie an den Punkt zurückkehren müssen, an dem sie gestartet sind.

Sie scherzt über das Suchtpotenzial des Rheinwassers und boxt ihn sanft in den Oberarm. Vielleicht gebe es Rückstände von halluzinogenen Drogen.

Er spürt die Strömung an den Beinen und im ganzen Körper, dabei stehen sie erst bis zu den Knien im Wasser. Der Fluss reibt sich in seinem Bett. Komm, komm, ich nehme dich mit. Ich pflücke dich und trage dich bis zur Brücke und darunter hindurch, aus der Stadt hinaus, durch viele Städte hindurch bis ins Meer. Da ist sie schon Treibgut, nur noch Kopf und Schultern und Arme. Noch ein Schritt, dann hält ihn der Boden nicht mehr. Die Eindrücke jagen durch seinen Blutkreislauf. Kühl. Schnell. Undurchsichtig.

Sie hat sich mit dem Gesicht zur Strömung gedreht, winkt. Komm!

Er rudert, versucht seinem Treiben eine Richtung aufzuzwingen, will nicht so schnell so weit hinausgetragen werden. Ein scharfes Reißen an seinem Bein sagt ihm, dass das ein Fehler ist. Zu nah an den Booten, die am Ufer befestigt sind, die Befestigungsseile laufen unter Wasser. Ob sein Schienbein blutet? Unmöglich, das jetzt herauszufinden. Der Fluss lässt ihm keine Gelegenheit, sein Bein zu betrachten. Er spürt keinen Schmerz. Vielleicht ist es nichts. Er macht ein paar Schwimmzüge mit dem Strom.

Es ist herrlich, ruft sie.

Er lässt sich nichts anmerken, kommt ihr näher. Das Wasser ist weich wie grüne Seide. Sie trägt es wie ein Kleid. Ihre Arme schimmern durch den transparenten Stoff, die Sonne malt goldene Rauten auf ihre Unterwasserhaut. In die tieferen Schichten dringt kaum Licht. Wenn sie einen Fischschwanz hätte. Niemand würde es merken. Was man nicht sieht … Schon oft hatte er sich vorgestellt, was er nicht sehen konnte, wenn sie sich zum Mittagessen trafen oder auf ein Feierabendbier. Er atmet ruhiger, lässt sich mitnehmen.

Wo der Rhein sein Knie beugt, verliert die Strömung an Geschwindigkeit, zumindest auf der Kleinbasler Seite. Sie passieren die Wettsteinbrücke. Die großzügigen, luftigen Metallbögen streifen über die Schwimmer hinweg. Sie nehmen sie kaum wahr. Der Blick geht nach vorne, wo alles auf die Mittlere Brücke zuläuft, ein geducktes, steinernes Bollwerk.

Aus dem Chor der unsterblichen jungen Männer löst sich einer. Er klettert zu dem auf dem Geländer hinauf. Es sieht aus, als wollte er ihn an der Hand nehmen, aber sie berühren sich nicht, um sich nicht aus dem Gleichgewicht zu bringen. Sie schauen sich an, der zweite sagt etwas. Wenn du springst, springe ich auch. Vielleicht sagt er auch etwas anderes.

Das Münster hoch oben auf seiner Pfalz schwebt vorbei. Er dreht sich auf den Rücken. Derselbe Himmel wie vor fünfhundert Jahren, derselbe Fluss, dasselbe Wasser, ewiger Kreislauf. Vor fünfhundert Jahren wurden überführte Ehebrecher an der Mittleren Brücke »geschwemmt«, das heißt unter Wasser getaucht, ohne sie zu ertränken. Stadtführer lieben solche Geschichten. Frauen dagegen hat man einfach versenkt. Die, die wieder auftauchten, bewiesen so zwar ihre Unschuld, machten sich dafür der Hexerei verdächtig. Männern hat man nur den Kopf gewaschen. Aber gründlich. Ausgerechnet diese Geschichte hat er sich gemerkt. Ansonsten sind die Daten, Fakten und Namen an ihm vorbeigerauscht, wer von wann bis wann wo war und warum. Das sagt so viel über einen Ort aus wie der berufliche Lebenslauf über einen Menschen. Ist zur Schule gegangen, hat studiert, wurde diplomiert, hat sich qualifiziert, hat da und dort gearbeitet, in dieser und jener Rolle mit diesem und jenem klingenden Titel. Klingeling. Hat sich durchs Organigramm nach oben gehangelt, und dann der Karriereschritt ins Ausland, in die Schweiz, an den Hauptsitz. Die Familie bleibt zurück. Die

Kinder nicht aus der gewohnten Umgebung reißen. Die Flugverbindung ist gut. Es gibt viele Wochenendheimkehrer. Die Kondensstreifen am Himmel über Basel gab es vor fünfhundert Jahren noch nicht.

Er dreht sich zurück auf den Bauch, macht ein paar Kraulzüge. Energieeinsatz und Ergebnis stimmen nicht überein, es ist, als überhole man sich selbst, wie auf dem Förderband am Flughafen, wenn man nicht steht, sondern geht und sich die Geschwindigkeiten addieren. Eine Art Gleitschwindel.

Sie treibt jetzt hinter ihm. Sie teilen sich Wasser und Strömung, sind vereint und doch getrennt. Wer schwimmt, ist ganz für sich und gleichzeitig elementar geborgen. Am besten schwimmt es sich allein, es ist geradezu lebensnotwendig, zu allen anderen Abstand zu halten. Kommt einem einer im Wasser zu nahe, dort wo man keinen Boden mehr unter den Füßen hat, berührt einer den Körper des anderen, greift nach seinen Händen, hängt sich an seinen Hals, wird es gefährlich.

Nach der Münsterfähre, die an ihrer Anlegestelle sicher am Draht hängt, nimmt der Strom wieder Fahrt auf. auf. Es sitzen Leute in der Fähre, warten geduldig auf die Abfahrt. Auf dem Rheinweg sind Radfahrer. Er sucht das Ufer mit den Augen ab. Wenn er jetzt aussteigen wollte. Er hat nicht daran gedacht, sich vorher mit den Gegebenheiten vertraut zu machen. Hat darauf vertraut, dass seine Undine schon wisse, was sie tue. Jeder schwimmt für sich allein.

Wie rauskommen?, ruft er ihr zu. Jetzt sind sie gleichauf.

Noch ist Zeit, sagt sie.

Die Mittlere Brücke kommt näher. Sie ist bestückt mit bunten Fahnen. Kantonswappen. Lautlos gleitet eine Straßenbahn darüber. An den mächtigen Brückenpfeilern, die nach vorne spitz zulaufen, bilden sich Bugwellen. Für welchen Durchgang soll er sich entscheiden? Sie entscheidet sich für den äußersten Bogen rechts. Er folgt ihr. Vielleicht ist es auch die Strömung, die entscheidet.

Plötzlich wird es dunkel und kühl, die steinerne Decke drückt, es riecht nach Urin, das Wasser ist schwarz. Er kann sie nicht mehr sehen, obwohl sie gerade noch neben ihm war. Im Übergang zum blendenden Licht stehen Leute und winken mit ausgestreckten Armen, als wollten sie etwas verhindern. Der Fluss bremst nicht, zögert nicht. Es ist so hell draußen. Die Helligkeit betäubt alle Sinne. Er glaubt, einen Wasserfall zu sehen, es schäumt und glitzert. Er hört Schreie. Noch bevor er einen klaren Gedanken fassen kann, stürzt ein Schatten auf ihn nieder. Etwas schlägt neben ihm ein, zieht ihn hinunter ins milchige Grün. Er verschluckt sich, zieht Wasser durch die Nase, das in der Stirn brennt. Eine Gestalt mit absurd langen weißen Gliedmaßen zappelt von ihm weg. Er verliert die Orientierung im Bläschentreiben. Sinkt er? Steigt er? Luft. Wo ist Luft? Sein Bein schmerzt. Der Schmerz ist schneidend und real. Er bringt ihn zur Besinnung. Drei Züge und er ist oben. Wo ist sie?

Das Brückengeländer ist schwarz vor Menschen. Das Ufer am Kleinbasler Brückenkopf auch. Die *Helvetia* sieht ungerührt über alles hinweg, was durch ihr Sichtfeld treibt, während die Handyvideos ins virtuelle Meer laufen. Lifeberichterstattung. Am nächsten Tag wird es in der Zeitung stehen. Beinahe-Unfall. Unverantwortlich. Bußen. Höhere Bußen müssen her. Zur Verantwortung ziehen.

Er versucht, an Land zu schwimmen, aber die Befestigungsmauern und die angeseilten Boote verhindern das, er treibt weit ab, orientiert sich an den anderen Schwimmern. Ist sie eine von ihnen? Er erkennt, dass die Anlandebahn der Rheinschwimmer eine Tangente ist, die erst hinter der Johanniterbrücke ans Ufer führt.

Sie erwartet ihn am Ufer. Sitzt mit rundem Rücken, den Kopf in eine Hand gestützt, die andere schattet die Augen ab. Sie hält nach ihm Ausschau. Wie froh er ist, sie zu sehen. Kein Mensch kann froher sein. Sie sieht bleich aus in der grellen

Sonne, atmet schwer, so wie er. Auf dem Weg zurück machen sie sich Luft. Luft. Unfassbar. Glück gehabt. Hätte böse enden können. Dann schweigen sie. Den ganzen Weg bis zur Solitude gehen sie schweigend im Gleichschritt.

Es ist nichts passiert. Noch ist nichts passiert.

Er zieht sein Hemd an. Er spürt ihren Blick auf seinen Fingern, die einen Knopf nach dem anderen Knopf durch die Löcher stecken. Er knöpft von oben nach unten.

Was ist mit deinem Bein? Sie berührt sein Knie. Er hat eine Schürfwunde am Schienbein.

Es ist nichts, sagt er. Er reicht ihr das Kleid und sieht zu, wie sie sich anzieht. Die Arme weit über den Kopf gestreckt. Er weiß jetzt, was sich hinter dem fließenden Stoff verbirgt. Er sieht jetzt unter die Oberfläche. Er kann nicht mehr anders sehen. Auch wenn es verboten ist.

MENSCHEN
ODER DEN

Die Würde des Menschen I

Der Mann, der über die Mittlere Brücke reitet, kommt mit viel Gepäck, als ob er ein Händler wäre. Er bringt kein Salz und keine Pelze, kein Geschmeide und keinen Wein, auch keinen Pfeffer oder Ingwer. Dennoch hat er etwas zu verkaufen, und das wiegt schwer im übertragenen Sinne. Zwischen dem fünften und sechsten Joch der Brücke, die damals, drei Jahre bevor Luther in Wittenberg seine Thesen an die Kirche nagelt, noch schlicht Rheinbrücke heißt, weil sie die einzige Verbindung zwischen Kleinbasel und Großbasel ist und keine Unterscheidung notwendig, steht eine Kapelle. Dort befindet sich die Richtstätte, an der die verurteilten Ehebrecher an ein Seil gebunden dreimal geschwemmt werden. Nach der Kapelle wird die Steinbrücke zur Holzbrücke. Mitten im Fluss. Der Mann steigt ab, betrachtet die Planken, die lose auf Stelzen liegen, betrachtet die Strömung, die wegen des großen Kniefalls, den der Fluss vor dem prächtigen Münster macht, viel stärker ist als auf der Kleinbasler Seite. Der Rhein führt viel Wasser. Es gibt kein Geländer. Der Reisende bekreuzigt sich, bevor er sein Reittier am Halfter nimmt und weitergeht in Richtung Rheintor, das den Eingang zu Großbasel markiert. Das Wasser rauscht, die Hufe dröhnen auf den Brettern, das Pferd scheut, strauchelt. Für einen Moment fürchtet der Mann um sein Leben, aber mehr noch fürchtet er um das, was sein Leben ausmacht und sich in den Packtaschen befindet: Handschriften und gedruckte Bücher. Der Name des Reisenden ist Erasmus von Rotterdam.

Es ist ein Coup des Druckers Johannes Froben, der den berühmten Gelehrten in die Stadt gebracht hat. Wie es zuging, dass die sehr erfolgreiche Sprichwörtersammlung des Erasmus, lehrreiche Sentenzen griechischer und römischer Autoren, mit denen sich gut glänzen ließ so wie heute mit Zitaten von Goethe, Mann oder Frisch, zum Nachdruck nicht nach Paris auf die Druckerpresse gelangt war wie geplant, sondern nach Basel, wäre Stoff für einen historischen Kriminalroman. Warum? Weil man wenig darüber weiß und somit alles dazu erfinden könnte. Historische Romane sind vielleicht der Gipfel des schriftstellerischen Größenwahns, so zu tun, als wäre man dabei gewesen vor hundert, fünfhundert, tausend Jahren. Was man weiß: Erasmus war nach der anfänglichen Irritation über Frobens Raubdruck begeistert von der Qualität des Endprodukts. Die moderne Drucktechnik mit beweglichen Lettern hatte sich rasant über Europa ausgebreitet, war aber ein durchaus komplexes Handwerk und entsprechend fehleranfällig. Was der Basler Drucker ungebeten geleistet hatte, grenzte an Perfektion. Akribie und Sinn für Ästhetik lockten Erasmus den Rhein herauf.

Hand aufs Herz! Wer könnte heute aus dem Stand heraus und ohne digitalen Einbläser sagen, für was Erasmus steht? Für das Ei der Reformation, das Luther und Konsorten dann ganz und gar nicht im Sinne des Erfinders zu einem Drachen ausbrüteten? Für Humanismus: der einzelne Mensch im Mittelpunkt, Bildung als der Weg zur Vollendung? Für ein europäisches Studentenaustauschprogramm? »Ich mache Erasmus in Bologna«, sagte ein junger Kurskollege am ersten Tag von »Italienisch für Einsteiger« zu mir, als ich ihn nach den Gründen fragte, warum er diese schöne, aber doch recht »unnütze« Sprache lernen wolle. Ich wollte nur für einen längeren Ferienaufenthalt gerüstet sein, er war auf Horizonterweiterung und Persönlichkeitsentwicklung aus. Lebenslaufkosmetik und Party. Das **E**u**R**opean Community **A**ction **S**cheme for the

Mobility of **U**niversity **S**tudents. Ein Akronymmonster erster Güte. Klingt aber gut, akademisch und doch irgendwie nach aufregenden Begegnungen. Erasmus! Sagen Sie das ein paarmal laut vor sich hin, Sie werden merken, da schwingt was mit. Vielleicht ist es die Klangschönheit des Namens, die unbewusst dazu beigetragen hat, ihn unsterblich zu machen. Oder warum sonst würde sich heute ein auf italienische Wagen spezialisierter Autohändler »Erasmus-Garage Basel« nennen? Wegen der Mobilität? Weil Erasmus so ein Weitgereister war? Alfa, Fiat. Ist das nicht Griechisch und Latein?

Erasmus war davon überzeugt, dass es jedem nützlich sein würde, sich bereits im Elternhaus in lateinischer Konversation zu üben. Eine frühe Form der Idee des spielerischen Zweitspracherwerbs. Sprachbad in der damaligen Lingua franca, dem *Global English* des Mittelalters und der Renaissance. Angesichts der damaligen Lebenswirklichkeit der meisten Kinder war das ein ziemlich weltfremder Erziehungstipp, aber man mag es ihm verzeihen. Erasmus hatte keine Kinder, was sich durch seine Weihe zum katholischen Priester hinreichend, aber nicht notwendig erklärt, war er doch selbst der Bastard eines Geistlichen, und er bewegte sich ausschließlich in der weitverzweigten, aber recht kleinen Gemeinschaft der europäischen Intellektuellenelite seiner Zeit.

Seinen Namen hat er sich übrigens selbst gegeben, da war er vielleicht dreißig Jahre alt: Erasmus Desiderius Roterdamus. Das bedeutet in etwa: Ich bin der, der aus Rotterdam stammt, der es doppelt wert ist, geliebt zu werden. Altgriechisch *erasmios*, liebenswürdig, begehrenswert, und lateinisch *desiderare*, begehren, wünschen, gehören semantisch zusammen, verstärken sich gegenseitig. Doppelt genäht. Geboren wurde er als Gerhard Gerhards, oder Geert Geerts, dem Rotger Gerhard sein Gerhard, würde der Badener sagen, dem Vater sein Sohn. Man glaubt, er habe unter seiner unehelichen Herkunft gelitten und darunter, dass er, das unerwünschte Kind, bald schon ins Kloster entsorgt wurde. Die Laufbahn als Geistlicher hat er nicht selbst gewählt und ist ihr durch geschicktes Agieren schließlich auch entgangen.

Erasmus Desiderius, der doppelt Erwünschte, war davon überzeugt, dass es seine Schriften seien, die ihn überdauern würden. Auf Bilder gab er wenig. In unserer von visuellen Eindrücken geprägten Gegenwart muss man um die Ecke denken, um sich vorzustellen, dass ein derart bekannter Mann damals praktisch inkognito reisen und sogar Angehörigen seiner eigenen Bubble einen Streich spielen konnte, indem er zunächst seine Identität verborgen hielt.

Fantasie an! Erasmus passiert das Rheintor (an dem leider noch nicht der Blechkopf des Lällenkönigs hängt und seine mechanisch betriebene Zunge herausstreckt, der hätte mir als Requisite jetzt gut in die Szene gepasst) und reitet durch die engen Gassen hinauf zu Frobens Haus, wo er sich als sein eigener Stellvertreter vorstellt. Er komme im Auftrag des Erasmus. Froben erwartet nichts Gutes, er fürchtet die Forderungen des Autors, auch wenn das Wort Urheberrecht noch lange nicht erfunden war. Äußerlich bleibt er ruhig, nach dem Motto: Beantworte keine Fragen, die nicht gestellt wurden. Der Fremde fährt in flüssigem Latein fort. Er wolle prüfen, ob es hier einen Meister der schwarzen Kunst gebe, der bereit, fähig und gewillt sei, fortan des Erasmus' Werke herauszugeben. Froben atmet auf, und bald schon hat er herausgefunden, wer ihn da zum Narren hält. Die Anspannung löst sich in Heiterkeit auf. Pferd und Reiter werden samt weltlichem und geistigem Gepäck im Haus Zum Sessel aufgenommen, und Basel schickt sich an, am Vorabend der Reformation zu einem Zentrum des Humanismus zu werden.

Richtig niedergelassen hat sich Erasmus in Basel erst sechs Jahre später. Ganz und gar sesshaft geworden ist er hier nie, als Kosmopolit und »erster Europäer«, wie ihn Stefan Zweig nicht ohne Hintergedanken nannte. (Welcher Schriftsteller ist schon frei von Hintergedanken und neigt nicht dazu, historische Gestalten zu instrumentalisieren?) Er kam, er ging, er kam.

Als er Basel zum zweiten Mal verließ, geschah das nicht freiwillig. Schockiert und angewidert von den gewaltsamen Ausbrüchen des reformatorischen Bildersturms, der nicht nur das Basler Münster seiner katholischen Pracht beraubte, packte er seine Bibliothek aufs Pferd und ritt gen Freiburg im Breisgau. Die Stadt war nicht seine erste Wahl, er blieb hier hängen. Das macht ihn mir sympathisch.

Ich bin auch einen Hängenbleiberin, eine von denen, die zum Studium nach Freiburg kamen und nie mehr weggekommen sind. Irgendeinen Grund gab es immer: Liebeskummer, Jobs beim Fernsehen, bei der Zeitung, mein Doktorvater, Eheschließung, Immobilie, Einschulung der Kinder. Es gibt schlimmere Orte, an denen man bleiben muss, sage ich immer. Das halten manche für Ironie. Wahrscheinlich ist es Jammern auf hohem Niveau. »Meine Heimat ist, wo meine Bücher sind«, sagte Erasmus und lud ab. Ihm hat es in Freiburg nicht gefallen, das Klima, die Leute, das Essen, also ziemlich genau das, womit das Freiburger Stadtmarketing heute wirbt. Aber die Stadt war Universitätsstadt und katholisch und nicht sehr weit weg von seinen Basler Freunden. Basel war und blieb »seine« Stadt, weltläufig, gebildet, bücherbegeistert. In den sechs Jahren, die er in Freiburg lebte, ist er sicher ab und zu über die Grenze gependelt, um Druckerschwärze zu schnuppern und Läckerli zu essen. (Die sind zwar fürs sechzehnte Jahrhundert noch nicht belegt, aber das muss nichts heißen, solange man sich das vorstellen kann.) Und irgendwann hatte Erasmus dann genug. Genug von Freiburg und irgendwie auch genug von allem.

Erasmus' Ideen hatten sich verselbstständigt. Es steckte darin die ganze Sprengkraft der Reformation. Auch er wollte nichts weniger als eine Erneuerung der Kirche: Weg mit

Mönchstum und Zölibat, weg mit dem Ablasshandel! Nichts davon steht in der Bibel. Lest selbst! Erasmus glaubte an die Kraft des Wortes und des Verstandes. Er selbst hatte Luther den griechischen Urtext des Neuen Testaments geliefert, den der dann mit weitreichenden Folgen in ein nie dagewesenes Schriftdeutsch übersetzte – aber das ist eine andere Geschichte. Den offenen Bruch mit dem Vatikan wollte Erasmus nicht. Den gewalttägigen Umbruch schon gar nicht. Am Ende saß er zwischen allen Stühlen. Die Protestanten konnten ihm sein Wettern gegen Luther nicht verzeihen, und die katholischen Theologen lehnten ihn als Wegbereiter der lutherischen Reformen ab. Der Papst setzte schließlich seine sämtlichen Werke auf den Index der verbotenen Bücher.

Seine Schriften sollten ihn unsterblich machen. Schriftstellerträume. Wer schreibt, der bleibt? Aber wer liest heute noch Erasmus? *Lob der Torheit*, ist das sein bekanntestes Buch? Oder glaubt man nur, es zu kennen, weil man vom Titel auf den Inhalt schließt? Wer jetzt nicht googeln muss, hebe die Hand, die er vorher so vertrauensvoll aufs Herz gelegt hat!

Was die Zeit überdauerte, ganz anders als Erasmus sich das gedacht hatte, sind Bilder von ihm, gemalte Porträts, Holzschnitte, Kupferstiche. Müde sieht er aus, der liebenswürdige Erwünschte auf dem kleinen runden Gemälde, das heute im Basler Kunstmuseum hängt. Zwischen den Stühlen ist kein guter Platz für einen gichtgeplagten Mittsechziger. Hans Holbein der Jüngere hat das Bildchen in Freiburg von ihm gemalt und nach Basel zu Frobens Sohn Hieronymus getragen. Das Porträt wirkt direkt aus dem Leben gegriffen, als wäre es für einen mitfühlenden Freund gedacht, nicht für die Nachwelt. Ein alter Mann mit grauen Haarbüscheln unter der schwarzen Kappe, mit hängenden Lidern und hohlen Backen, und schlecht rasiert ist er auch. Es ist ganz anders als das prächtige Gelehrtenporträt, das derselbe Künstler sieben, vielleicht acht Jahre vorher ausgeführt hatte. Es ist das wohl berühmteste Bild von Erasmus, ein Gemälde, das sich ins kollektive Bildungsbürgergedächtnis eingebrannt hat, eines von denen, die in jedem Geschichtsbuch zu finden sind, so wie zum Beispiel Davids Napoleon, der auf seinem weißen Schimmelhengst die Alpen überquert – der Pleonasmus ist angebracht, weil Übertreibung bekanntlich anschaulich macht und der kaiserliche Feldherr in Wirklichkeit wohl auf einem Maultier über den Großen St. Bernhard schaukelte, woran sich bitte keiner erinnern sollte –, oder die Proklamierung des deutschen Kaiserreichs von einem Maler namens Werner, den heute kein Mensch mehr kennt, der aber gut mit dem Badischen Großherzog konnte und von diesem in den Versailler Spiegelsaal beordert worden war, nicht ohne Hintergedanken. Man kann eine wahre Geschichtsbuchbilderschnitzeljagd durch die Gemäldegalerien dieser Welt veranstalten. Ein Bekannter von mir geht überhaupt nur deshalb in Kunstmuseen. Vermutlich gibt es auch Menschen, die wegen Erasmus ins Basler Kunstmuseum gehen, besser gesagt, wegen des Künstlers, der ihn malte, auch wenn die meisten wohl wegen Picasso kommen und wegen der klassischen Moderne. Und die Schweizer vielleicht wegen Hodler. Ab siebzehn Uhr kann man unter der Woche übrigens gratis rein. Gratis ist gut.

Wenn es zu Lebzeiten Hans Holbeins d. J. so gewesen sein mag, dass er als junger Kerl mehr davon hatte, den berühmten Mann zu porträtieren, als umgekehrt – es geht das Gerücht, dass Erasmus viel lieber Dürer gesessen hätte, der damals schon eine große Nummer war –, ist es heute das Renommee eines Holbein, das dafür sorgt, den Schriftgelehrten bis in unsere Gegenwart in Erinnerung zu halten. Das Porträt ist ein Meisterwerk, und als solches war es auch gedacht. So wie der überaus sorgfältige Raubdruck von Froben eine Art Bewerbungsmappe für Erasmus war, diente Holbein d. J. das Gemälde von Erasmus als Karrierebeschleuniger. Das Verhältnis von Porträtierendem und Porträtiertem, von Künstler und Modell, ist ein vertracktes. Auch Porträts verfolgen Absichten.

Nur wenige Jahre, nachdem das runde Bildchen des freiburgmüden Erasmus entstanden war, belud dieser sein Reitpferd ein letztes Mal und ritt den Rhein hinauf. Er überquerte die Rheinbrücke von Kleinbasel nach Großbasel, ein kurzer Blick hinauf zum äußerlich unveränderten Münster, in dem doch alles anders war, dann ritt er durchs Rheintor hindurch. Er nahm wieder Wohnung bei Frobens, jetzt bei Hieronymus, dem Sohn des inzwischen verstorbenen alten Freundes, in seinem Haus, genannt Zum Luft, wo es sich vermeintlich leichter atmen ließ. Dass er kam, um zu sterben, war nicht vorgesehen. Aber bald schon hat er es kommen sehen und sein Testament gemacht. Den letzten Atemzug nahm er ein Jahr später. Infolge einer Typhus-Infektion sei er gestorben, heißt es.

Was mich immer wieder aufs Neue packt, ist, wie das Schicksal eines Menschen seine Persönlichkeit prägt und die Persönlichkeit die Lebensleistung eines Menschen – egal für wie groß oder unbedeutend ihn seine Nachwelt hält. Erasmus' Ideen gelten heute als universell, aber sie haben ihren Ursprung in seinen individuellen, persönlichen Mangelerfahrungen. Erasmus wollte menschenwürdig behandelt werden.

Er war ein uneheliches Priesterkind, also forderte er das Ende der Heuchelei und die Abschaffung des Zölibats und des Ablasshandels. Er war ein Waisenkind, das weggegeben wurde, also wollte er geliebt werden, gewollt sein. Er empfand die Unfreiheit und die körperlichen Züchtigungen des Klosterlebens als bedrückend und erniedrigend, also argumentierte er für die Abschaffung des Mönchstums und gegen Gewalt. Er hat erfahren, wie weit man mit und durch den Gebrauch des eigenen Verstandes kommt, also lehnte er die Scholastik ab, wählte einen philologischen Ansatz, wandte sich den Urtexten zu. Er hat erfahren, dass denken frei macht und aus

Abhängigkeiten, Dreck und Not befreit, also stellte er Bildung über alles.

Die Würde des Menschen, das ist der Kern des Humanismus. In dieser Form hat er die Aufklärung vorweggenommen und sie überlebt, genau wie das Hin und Her von Reformation und Gegenreformation. Wer eine humanistische Geisteshaltung hat, achtet jeden einzelnen Menschen. In den meisten nationalen Verfassungen sind diese Werte verankert: Respekt vor der Würde des Menschen, seiner Persönlichkeit und seinem Leben, Toleranz, Gewissensfreiheit, Gewaltfreiheit.

Verfassungen sind Absichtserklärungen. Papier ist geduldig.

Was bleibt von Erasmus in Basel, außer seinen Porträts im Kunstmuseum und den Schätzen seines Nachlasses im Historischen Museum? Außer seinem Grabmal im reformierten Münster, wo der Katholik von den Basler Bürgern ein Ehrengrab erhielt – da war man pragmatisch und treu. Außer dem Erasmushaus, dem Erasmusplatz, dem Erasmus-Lädeli, dem Restaurant Zum Erasmus und der Erasmus-Garage? Ist der Geist des Humanismus heute noch in Basel zu Hause? Oder ist er hier nur begraben?

Die Bibliothek des Engels

Der Engel auf dem Münsterchor schaut auch über den Rhein. Anders als die *Helvetia* blickt er nicht streng nach Norden, er ist wetterwendisch. Je nachdem, von wo der Wind weht, richtet er sich aus, um möglichst wenig Angriffsfläche zu bieten. Die betenden Hände hebt er, so scheint es, dabei war er einst ein musikalischer Geselle, der froh sein Liedchen in die Welt hinausposaunte. Den Historikern fällt es schwer, genau zu datieren, wann ihm das Posaunen verging. Womöglich schon nach dem Erdbeben, das einst die Stadt verheerte. Oder mit der Reformation, als unter ihm die Bilderstürmer ihr Unwesen trieben. Vielleicht auch mit Einzug der Hugenotten und der Ausbreitung des ökonomischen Denkens, das dann die halbe Welt durchseuchte und später fast die ganze. Jedenfalls sind die Engelshände heute leer, das Blasinstrument verschwunden, nur der Engelsmund ist noch geschürzt, als sendete er Luftküsse in alle Himmelsrichtungen. Lange Zeit war ihm das unmöglich gewesen. Der Rost hatte den Engel festgesetzt und ihn gezwungen, ausschließlich nach Westen in Richtung Kleinbasel zu beten oder zu küssen. Das Wetterwendische hat ihm der Zufall zurückgegeben.

Ein Künstler zu Besuch aus Japan, Tazro Niscino, hatte das »Mädchen mit dem Röckchen«, wie er meinte, entdeckt, und dem Kunstimpresario, der mit ihm auf der Münsterpfalz gewesen war, vielleicht, um nach dem flandrischen Himmel zu sehen, vorgeschlagen, dem armen unbeachteten Geschöpf, das Wind und Regen und sogar Hagel und Blitz ausgesetzt war, ein Obdach zu bauen. Der Impresario setzte Himmel und alles andere, was in Basel Geld und Namen hat, in Bewegung, um dem Künstler seinen Wunsch zu erfüllen, und auch der Münsterpfarrer war entzückt. Bald schon waren die nötigen Mittel und Genehmigungen eingetrieben. Ein Baugerüst wurde errichtet und über viele steile Lochblechstufen konnte man nun den Engel in seiner neuen Einzimmerwohnung besuchen. Da kniete er, grünspanig und unbeweglich, auf einem Beistelltisch, zwischen Designersesseln in Schwanenform, die steifen Flügel flugunfähig ausgebreitet, und hielt Hof. Den ganzen Tag strömten die Besucher. Die meisten zog es, nach einem kurzen Seitenblick auf den stummen Bewohner, direkt an die Fenster, um die Rundumsicht mit erstaunten Ausrufen zu bedenken. Die Aussicht über den Rhein war spektakulär. »Schau, dort hinten entsteht gerade das höchste Gebäude der Schweiz«, sagte jemand. Andächtig.

Nachts blieb der Engel allein. Jemand, der es gut mit ihm meinte, hatte eine Leselampe und ein Bücherregal aufgestellt und von oben bis unten gefüllt. Welche Werke darin zu finden waren, konnte der Engel nur ahnen. Die Hilfsarbeiter des Künstlers, den Stimmen nach zu urteilen zwei junge Männer, hatten sich bruchstückhaft darüber unterhalten, als sie das Regal bestückten. Es waren wohl Bücher über Basel, Stadtbeschreibungen, Rundgänge, historische Romane, Regiokrimis, auch wissenschaftliche Abhandlungen, die Baugeschichte des Münsters und das eine oder andere Buch von Erasmus von Rotterdam, der, wie der Engel wusste, fünfzig Meter unter seinem Wohnzimmer sein Grabmal hatte. Leider stand das Bücherregal außerhalb seiner Blickachse, sodass der Engel schwer schielen musste, um wenigstens ein verschwommenes Bild davon zu erhaschen.

Nicht anders erging es ihm mit der *Basler Zeitung*, die einer der beiden Hilfskünstler jeden Tag in aller Herrgottsfrüh auf seinen Tisch legte. Ob das der Datierung diente oder ob die Zeitung einer der Sponsoren des Projekts war und ihre gedruckte Ausgabe gerne auf jedem Engelsfoto haben wollte, erschloss sich dem künstlerisch Bedachten nicht. Nur einmal hatte er Glück, als eine Besucherin einer anderen einen Artikel vorlas, in dem stand, dass die Kaiserin von Japan in der Stadt gewesen sei und zu der vom japanischen Künstler errichteten Engelswohnung hinaufgeblickt habe, hinaufzusteigen sei ihr aus Sicherheitsgründen nicht gestattet gewesen. Vielleicht hatte sie auch keine Lust, dachte der Engel, und sie war lieber gleich mit der ägyptischen Präsidentengattin zum Galadinner gegangen. Je nachdem welche Schuhe sie getragen hatte, wäre das auch schwierig geworden mit dem Lochblech.

Ein Bett und etwas zu essen suchte man vergeblich in des Engels Wohnung. Anders als andere Obdachlose war er nicht darauf angewiesen. Vielleicht war er deshalb so beliebt. In der Zeitung stand, dreißigtausend Menschen hätten ihn in den sechs Wochen seiner Beherbergung besucht, eine beachtliche Zahl, eingedenk dessen, dass sechshundert Jahre lang niemand den Kopf nach ihm gedreht hatte. Da musste erst ein Fremder kommen.

Dass Kunst zu nichts nütze sei, kann man im Fall des temporären englischen Wohnungsbaus zu Basel nicht sagen, wurde bei dieser Gelegenheit doch die Renovierungsbedürftigkeit des Dachbesetzers festgestellt. Inzwischen glänzt er dank einer großzügigen Privatspende wieder golden und dreht sich unter freiem Himmel munter mit dem Wind, wie es sich gehört.

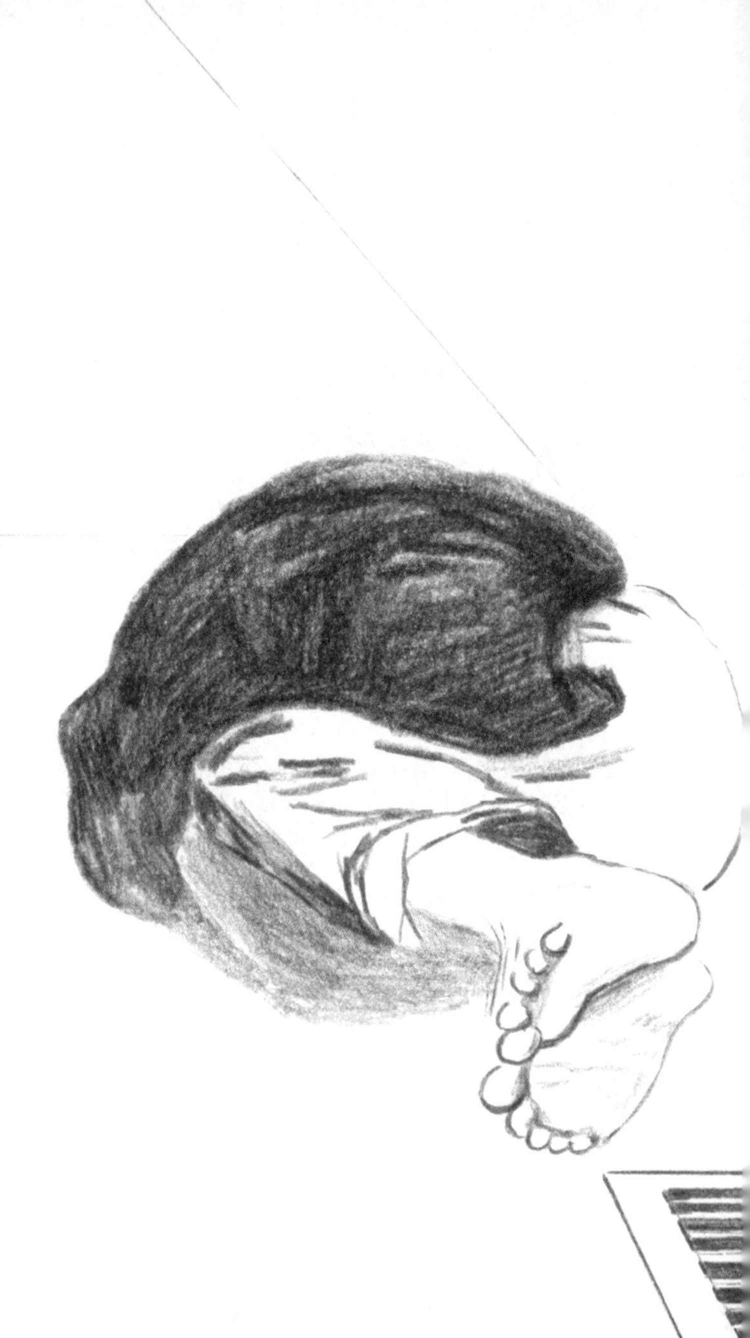

Lilian oder Die Würde des Menschen II

Ich treffe Lilian am Kiosk auf dem Wettsteinplatz, eine Verkehrsinsel, von der sternförmig eine Handvoll Straßen abgehen: eine zur Messe, wo gerade die Vorbereitungen zur Art Basel laufen, eine zu Roche, eine zur Wettsteinbrücke, dem Übergang nach Großbasel, an deren anderem Ende der Neubau des Kunstmuseums liegt. Nach Großbasel werden wir auf dem Stadtrundgang nicht kommen, zu dem ich mich angemeldet habe. Ich bin ein bisschen zu früh, halte Ausschau nach meiner Führerin und nach potenziellen anderen Teilnehmern. Schwer zu sagen auf einer Verkehrsdrehscheibe, an der alle paar Minuten eine Tram hält, wer von den Wartenden nur von A nach B kommen will oder für wen sie Ausgangspunkt zur Erkundung eines unbekannten, unsichtbaren Basels ist. Ich halte mich im Schatten des Kioskvordachs, es ist heiß heute. Endlich Sommer. Unter den Tramfahrenden sind Menschen mit Wickelfischen. Wickelfische sind praktisch und eine marketingtechnische Meisterleistung. Vor zwanzig Jahren erfunden, um die Habseligkeiten des modernen Stadtmenschen, Kleidung, Schuhe, Handy, Laptop, beim Rheinschwimmen trocken mit sich zu führen, hat sich inzwischen die Überzeugung ausgebreitet, man könne überhaupt nicht im Rhein schwimmen ohne den fischförmigen Kunststoffbeutel. Als gäbe es ein Wickelfisch-Obligatorium. Für etwas über dreißig Franken ist man dabei. Wellen von Fahrgästen der Tram branden an, und ein Mann mit schwarzem Rucksack strandet.

Er trägt zu festes Schuhwerk für die Witterung, eine schwarze Jeans, ein schwarz kariertes Hemd, das er über die tätowierten Unterarme hochgekrempelt hat. Auch er verzieht sich in den Schatten, verschwindet fast darin. Ich will ihn ansprechen, ob er auch für den sozialen Stadtrundgang angemeldet sei, aber er meidet meinen Blick so wie die Blicke der Vorübergehenden.

Lilian erkenne ich an dem knallroten T-Shirt, das sie trägt, das Branding des Vereins Surprise, der seit einem Vierteljahrhundert sozial benachteiligte Menschen in der Schweiz unterstützt. Sie ist auch sonst nicht zu übersehen mit ihrer Körperfülle und dem Strohhut. Sie hat einen schaukelnden, stabilen Gang, steuert die kleine Oase neben dem Kiosk an, eine Art mobile mannshohe Hecke mit bequemer Holzbank, eine segensreiche Einrichtung der Stadtgärtnerei. Hier findet sich unser kleines Grüppchen zusammen. Heimlich mustere ich die anderen. Zwei junge Frauen, Studentinnen vielleicht, ein Pärchen, eine Familie. Allen sieht man an, dass sie auf der Sonnenseite des Lebens stehen. Was wollen die hier? Wer interessiert sich für das Leben auf der Straße? Was will ich hier? Spüren die anderen auch diese Mischung aus Neugier, Scham und der Überzeugung, das Richtige zu tun? Der Mann aus dem Kioskschatten stößt auch dazu, stellt sich vor als Daniel. Er sei hier als Auszubildender und dürfe von Lilian lernen, sagt er mit einer sanften, schönen Stimme, die mich überrascht. Er ist viel jünger als er aussieht, denke ich. Lilian strahlt ihn kurz an, ein Strahlen wie eine Umarmung ohne Körperkontakt.

Wir beginnen den Rundgang im Theodorspark, eine unscheinbare Grünanlage. Lilian baut sich vor einem Busch auf und legt zackig los: Ablauf der Tour, Fragen jederzeit, jetzt zu ihrer Bio. Sechsundsechzig Jahre alt, geboren als das uneheliche Kind unmündiger Eltern, denen sie sofort entzogen wurde, im Spital geblieben als eines von sechs Übungsbabys für werdende Mütter, die Eltern aus gutem Haus, direkt verstoßen, von einem Tag auf den anderen auf der Straße, der Vater dem

Alkohol verfallen, habe sich nach einem Jahr das Leben genommen, irgendwann sei sie in eine Pflegefamilie gekommen, wo es ihr gut ergangen wäre, wenn nicht die Mutter das Besuchsrecht behalten hätte und sie an den Wochenenden nicht abgeholt hätte, die Mutter habe sie geschlagen, der alkoholkranke Stiefvater sexuell missbraucht, keiner habe ihr geglaubt, wem auch immer sie sich anvertraut habe, sei zur Mutter gelaufen, ob das denn sein könne, was das Kind erzähle, mehr Schläge. Sie erzählt von einem Pfarrer, der ihr schließlich geholfen habe, über diese Traumata hinwegzukommen. Es wird nicht klar, zu welchem Zeitpunkt dieser Mensch in ihr Leben getreten ist, aber sie erzählt von ihm wie von einem Lebensretter. Sie habe ihrer Mutter vergeben. Alles. Ihre Stimme ist fest, ihr Blick offen. Nahtlos fährt sie fort. Beruf, Ehe, Kinder, eines davon mit einer Behinderung geboren, Scheidung, Kündigung, Wohnungsverlust. »Leben auf der Straße«, lautet der Titel der Führung. Rundgang in Lilians Leben, die Besichtigung einer Abwärtsspirale. Dass das nichts Voyeuristisches hat, liegt an ihr, an ihrer undramatischen, schonungslosen Art zu erzählen. Jedem könne das passieren. Punkt. Ich zeige euch jetzt die Frauennotschlafstelle, das Frauenwohnheim. Von außen. Wir sind ja nicht im Zoo.

Sie sei irgendwann einfach ausgestiegen aus allem. Abgetaucht. Keiner wusste, wo sie war, auch ihre Söhne nicht. Leben mit einem Rucksack und zwei Koffern, einer für Sommerkleider, einer für Winterkleider, einer geparkt, einer immer dabei, je nach Jahreszeit. Hinter der der Skulptur der *Helvetia*, die den Rheinschwimmern zusieht, steht auch ein Koffer, neben dem Speer und dem Schild. Sie hat gepackt. Ist sie abreisebereit? Oder wurde sie verstoßen, weil sie nicht mehr die ihr zugedachte Rolle, die Erwartungen der Gesellschaft erfüllen wollte? So eine Helvetia, die alles Heroische abgelegt hat und die nackten Füße müßig über die Brüstung der Rheinterrasse baumeln lässt, erfährt eine Menge Ablehnung und Verachtung.

Wie man als Frau auf der Straße überlebt? Härte, sagt Lilian. Und Misstrauen. Tiefes, tiefstes Misstrauen. Lilian, immer wenn du sprichst, habe ich das Gefühl, du richtest deinen Speer auf mich, das habe einer vom »Schwarzen Peter« zu ihr gesagt. Der Schwarze Peter ist ein Verein für Gassenarbeit. Das habe ihr zu denken gegeben. Vereinsamung sei eine der größten Gefahren. Abgesehen von sexuellen Übergriffen. Viele dächten, Frauen auf der Straße könne man sich einfach nehmen. Sie sagt das beiläufig, als wäre es eine Nebensache.

In ihrem alten Leben habe sie auch auf die abgerissenen Gestalten herabgeschaut, sei auf dem hohen Podest der Ordnung gestanden, das auf den drei Grundpfeilern Arbeit, Krankenversicherung, Wohnung ruhe. In der Schweiz müsse niemand arm sein, niemand müsse auf der Straße leben, wer sich anstrenge, der komme auch zu was, bei wem es schieflaufe, der habe etwas falsch gemacht. Die protestantische Ethik und der Geist des Kapitalismus.

Lilian führt uns zur Notschlafstelle, nur wenige Schritte vom Park entfernt. Früher seien hier sowohl Männer als auch Frauen gewesen, stockwerksweise getrennt. Man schlafe nicht wirklich in einer Notschlafstelle, vielleicht drei, vier Stunden, wenn man alles zusammenzähle, und immer mit einem offenen Auge. Einmal sei sie nachts auf Toilette gewesen, da habe ihre Mitbewohnerin einfach den Schlüssel im Schloss herumgedreht. Lilian musste in Unterhose und T-Shirt durch alle Stockwerke nach unten, um jemand von der Aufsicht zu holen und sie wieder in ihr Zimmer zu lassen. Die Frau sei einmal vergewaltigt worden. Allein im Zimmer bei offener Tür, das hätte sie in Panik versetzt.

Gleich nebenan ist das Frauenwohnheim. Wie wir da vor dem Wohnheim stehen, eingesponnen in Lilians Erzählung, kommt ein silberner SUV angefahren, parkt ein, einen Teil unseres Grüppchens zur Seite drängend, nicht aggressiv, aber ungerührt und im Bewusstsein seiner vollkommenen

Berechtigung, die die blaue Linie auf der Straße signalisiert. Unsere Führerin bittet uns mit einer Geste auf den Gehweg. Ihre einzige Reaktion. Kein Kopfschütteln, kein Groll. Ich staune und bewundere sie für ihre Nachsicht und Menschenfreundlichkeit. Die zeigt sich auch, als sie von den zwei Polizisten erzählt, die sie aus dem Frauenwohnheim geholt hätten. Sie war ja untergetaucht, also lief eine Suchanzeige. Ihre Söhne suchten sie. Frühstück habe sie gerade gegessen, und jedem in unserer Zuhörergruppe ist klar, welche Bedeutung so eine Mahlzeit, die uns so selbstverständlich bis vernachlässigbar vorkommt, für jemanden wie Lilian haben muss. Die Polizei sei da, sie solle sofort runterkommen. Ich esse jetzt mein Frühstück und dann komme ich. Sofort! Ich esse. Reingestürmt seien sie. Ein Pärchen. Lilian beschreibt die Übereifrigkeit der jungen Polizistin, ihre Nervosität, ihr Versuch durchzugreifen. Sie sei wohl noch nicht sehr lange dabei gewesen und habe es besonders gut machen wollen, sagt Lilian gnädig.

Noch Fragen? Keine? Weiter. Dabei sind da tausend Fragen, sie stecken nur fest wie in einem verstopften Trichter, in den man zu schnell zu viel Sand geschüttet hat. Wir trotten schweigend hinter ihr her, es geht zur Caritas, fünf Minuten Fußweg. Am Wettsteinbrunnen füllen wir unsere Wasserflaschen. Fast alle Brunnen in Basel sind Trinkwasserbrunnen. Lilian tunkt ein kleines Handtuch ins Wasser, drückt es aus, legt es sich um den Nacken.

Vor dem Haus der Caritas am Lindenberg geht es um Kleidung und Essen. Grundbedürfnisse. Durch eine Seitenstraße glitzert der Rhein herauf. Lilian versucht, zu erklären, wie man mit sieben Franken zwanzig am Tag zurechtkommt. Daniel, der bisher geschwiegen hat, sagt, das reiche ihm auf keinen Fall, er habe eine Suchtproblematik, er sei alkoholkrank. Die nüchternen Fachwörter sind wie sprachliche Gehhilfen, sie helfen, überhaupt eine Sprache zu finden. Jetzt prasseln die Fragen. Lilian beantwortet sie gerne und ausführlich. Sie antwortet wie eine Politikerin oder Managerin. Sie gibt die Antworten, die sie parat hat. Das ist kein Kalkül, niemand hat sie geschult oder gebrieft. Sie macht das intuitiv. Ihre Selbstsicherheit läuft in Schienen, notwendigerweise. Links und rechts davon tun sich Risse auf, die zu Abgründen werden können. Sie erklärt uns die Welt. Ihre Welt. In der ist sie wie ein Fisch im Wasser. Für Außenstehende wirkt das Wasser undurchsichtig und voller verwirrender Trübteilchen, sobald man darin eintaucht. Nur eines wird schnell klar: Alle Hilfsangebote, die sie beschreibt, enthalten den bitteren Kern der Demütigung. Geld. Alles kostet, alles muss man zurückzahlen. Es ist eine Falle, sagt Lilian. Sozialhilfeleistungen etwa seien Schulden beim Staat. »Staatsschulden«, nennt sie das. Alles ist an Auflagen, Bedingungen geknüpft. Mach das, dann bekommst du das, wenn nicht, dann nicht. Wer nicht übers Stöckchen springen will, wer zu stolz ist, wer seine Würde behalten will, der ist raus. Selbst schuld. Ohnmacht.

Was Menschen wie Lilian und Daniel am meisten helfen würde? Wenn man uns wie Menschen behandelte. »Auf Augenhöhe«, sagt sie. Jeder auf der Straße habe seine individuelle Geschichte, aber niemand wolle sie hören. Auf Augenhöhe bedeutet, dass ein Mensch einem Menschen begegnet, mit Zeit und Aufmerksamkeit, und nicht eine Institution einem Problem. Menschenwürde. Lilian schwitzt, nimmt einen Schluck aus ihrer Trinkflasche, kippt noch mal Wasser auf das Handtuch um ihren Nacken. So ein nasses Handtuch, wie weh das tun könne, und es mache Hämatome, und man könne ja auch noch einen Knoten in das Tuch machen, ihre Mutter sei sehr einfallsreich gewesen. Zum ersten Mal seit zwei Stunden läuft ihre Stimme Gefahr, brüchig zu werden.

Die Frauen jetzt bitte ihre Männer festhalten! Mit einem Scherz über die nächste Station unseres Rundgangs wischt sie alles beiseite. Das Rotlichtviertel in Basel besteht aus zwei, drei Straßen und ist ordentlich mit grünen Piktogrammen auf dem Straßenpflaster gekennzeichnet. Grafische Reduktion aufs Wesentliche: Neben einer Laterne steht das Strichweibchen, das man auch von Toilettentüren kennt, aber anders als ihre Klo-Schwestern hat sie eine enorme Oberweite und kokett das Spielbein genickt. Es sei eine Art Schutzzone, hier dürfe die Polizei den Gelegenheitssexarbeiterinnen das Geld nicht abnehmen, sagt Lilian. Toleranzzone ist der offizielle Begriff dafür. Auf Beamtenschweizerschriftdeutsch heißt es: »Hicr ist es Prostituierten ausdrücklich erlaubt, potenzielle Freier anzusprechen. Es werden jedoch keine sexuellen Handlungen in der Öffentlichkeit vollzogen.« Mir schwirrt die These durch den Kopf, dass es auch Frauen gebe, die diese Art der Arbeit freiwillig machten. Und gerne. Mir wird übel. Zu viel Sonne vielleicht. Lilian erzählt ungerührt weiter von Menstruation und Hygieneprodukten. Wir sind jetzt auf der Claramatte angekommen. Das sei der Park mit der größten Nationalitätendichte in Basel, zweihundertfünfzig Nationen aus hundertfünfzig Ländern, Lilian steckt voller Zahlen und Fakten. »Matte« bedeutet Wiese, grün sind hier nur die Blätter der Bäume und der auf Hüfthöhe zurückgeschnittenen Hecken. Vorher seien die mannshoch gewesen. Der Park ist gepflastert. Nachts reflektiere das Pflaster das grüne Licht der Lampen. Lilian grinst. Nachts fahre hier die Polizei durch.

Der Park ist öffentlich. Im öffentlichen Raum darf sich jeder aufhalten. Niemand kann des öffentlichen Raums verwiesen werden. Aber man kann jemanden, der auf einer Parkbank sitzt oder liegt, jede Stunde kontrollieren. Papiere, Alkohol, Papiere, Alkohol, ab null Komma acht Promille können sie dich mitnehmen. Ausnüchterungszelle, Kosten sechshundert Stutz, wenn man kotzt, werden einem noch mal Reinigungskosten berechnet, rund tausend Franken kann man für so eine Nacht berappen. Könnte man auch ins Dreikönig gehen.

Wenn man zahlen könnte. Wer nicht zahlen kann, muss das Geld abarbeiten und ist vorbestraft. Wissen Sie, was das für einen jungen Menschen in der Schweiz heißt? Vorbestraft.

Daniel sagt leise, es gebe immer mehr Parkbänke, die sich kaum zum Sitzen eignen und zum Liegen schon gar nicht. Offiziell werde das als hervorragendes Design gepriesen, das sich in die Gesamtanlage perfekt einfüge. *Form follows function*. Die äußere Form eines Gegenstands leitet sich aus seiner Funktion, seinem Zweck ab.

Auch die Form, in der Hilfsangebote daherkommen, verrät etwas über ihren Zweck. Unsichtbar machen. Wenn ich das Problem nicht mehr sehe, ist es verschwunden. Zumindest lässt es sich leichter leugnen. Niemand muss. Wer sich anstrengt. Bei wem was schiefläuft. Weil nicht alle den Kopf in den Sand stecken können, vergräbt man lieber das Problem darin.

Lilian erzählt von dem Programm, das Surprise für Schulklassen anbietet. Konzept, Material, alles da, die Lehrer müssten nur eines zur Vorbereitung tun, mit den Kindern die Maslowsche Bedürfnispyramide durchnehmen. Grundbedürfnisse: Essen, Trinken, Schlaf, Schutz. Körperliche und seelische Unversehrtheit. Die Würde des Menschen. Das Programm richte sich an ältere Schüler, aber am liebsten arbeite sie mit den Kleinen in der fünften, sechsten Klasse, die seien noch ohne Hemmungen. Die Älteren trauten sich schon nicht mehr, seien peinlich berührt, schauten lieber weg als hin. Das liege natürlich auch am Hormonumbau, aber nicht nur.

Unwillkürlich spüre ich Entrüstung. Aber dann muss ich mir eingestehen, wie leicht es ist, sich moralisch über alle zu erheben, die wegschauen, über alle, die ein Problem lieber aus dem Sinn haben wollen, als damit konfrontiert zu werden. Die Unsicherheit derer, die auf der Sonnenseite stehen. Wie umgehen mit den Menschen, die einen auf der Straße um Geld anhauen? So ein Rundgang ist ein Augenöffner. Aber wie lange wird es dauern, bis auch ich die Augen wieder verschließe, wenn ich an den Obdachlosen, den organisierten Bettlern, den Punks mit ihren Hunden vorbeigehe oder vorher die Straßenseite wechsle, am liebsten nicht angesprochen werden will, nicht in die Verlegenheit gebracht werden möchte, darüber nachdenken zu müssen, ob ich etwas gebe, wie viel ich gebe, warum ich manchmal etwas gebe und sehr oft nichts. Der versäuft das ja eh nur. Lilian sagt, wenn dich ein Alkoholkranker auf der Straße anspricht, der zittert und kaum mehr reden kann, gibt ihm kein Geld. Geh zum nächsten Kiosk und kauf ihm ein Bier und mach es für ihn auf, denn er kann vielleicht nicht mal mehr das. Damit rettest du ihm unter Umständen das Leben. Warum sollte man das tun, habe einmal ein Rundgangsteilnehmer gesagt, wenn der stirbt, haben wir ein Problem weniger. Ich traue mich nicht, Daniel anzusehen, als sie das erzählt.

Lilian nimmt den Faden wieder auf. Keine sexuellen Handlungen in der Öffentlichkeit. Bald sei ja wieder die Art Basel, da sei was los und dann. Sie beendet den Satz nicht, erzählt stattdessen von den öffentlichen Toiletten in Basel. Solche wie die da in der Parkecke. Die seien gratis. Eine saubere Sache. Fünfzehn Minuten habe man Zeit, das reiche für was Schnelles.

»Jetzt habe ich überzogen wie der Gottschalk«, sagt Lilian. Zur Frauenoase schaffen wir es nicht mehr. Sie liefert noch einige Daten und Fakten zu der Einrichtung, die sie segensreich nennt. Mein Hirn nimmt nichts mehr auf, spielt mir Bilder von Dattelpalmen und Granatäpfelbäumen vor, sie sind weit, weit weg, die Luft flimmert über dem Sand, auf den die Sonne gnadenlos niederbrennt, eine endlose, schattenlose Welt, hier ist man völlig ausgesetzt. Wir schaffen es nicht mehr bis zur Oase.

Die schwarze und die weiße Kunst

»It's like running into an old girlfriend and being surprised at how attractive and sophisticated she still is«. In meinem Arbeitszimmer hängt ein Schweizer Plakat. Schwarz und weiß. Genau genommen: Weiß, viel Weiß, und Schwarz. Die alte Freundin, von der darauf die Rede ist und die noch immer so kultiviert erscheint, heißt Helvetica. Damals als das Plakat entstand, war sie gerade fünfzig geworden, jetzt geht sie auf die fünfundsiebzig zu. Diese Helvetica ist keine allegorische Figur wie die Helvetia am Rheinufer in Basel, sie ist konkret. Sie ist deutlich und sachlich, streng und schmucklos. Sie ist eine Schriftart.

Kultiviert ist auch mein alter Freund Beat. Dreißig Jahre arbeitete er als Grafiker bei Roche, gehörte mit Marcus und Peter, zwei der Redaktoren der hauseigenen Publikationen, zu dem Grüppchen der Glückseligen, die ein wenig abseits des großen Narrenschiffs auf einer Insel weilten, an die der allgegenwärtige, konstante Wandel lange Zeit nur brandete, bevor er sie überschwemmte.

Als hoch motivierte Hochschulabgängerin mit, wie ich fand, reichlich journalistischer Erfahrung stolperte ich kurz nach der Jahrtausendwende in das unscheinbare Nebengebäude, eigentlich ein Wohnhaus mit Sprossenfenstern und Satteldach, das sich neben den Büro- und Forschungsgebäuden in der Grenzacherstraße duckte, und war bass erstaunt ob des Anblicks der sich mir bot: In einem gut beleuchteten

Raum lag auf zusammengeschobenen Tischen Doppelseite für Doppelseite ausgebreitet die neuste Ausgabe des Roche Magazins. Daneben Beat mit Lineal in der Hand und Bleistift hinterm Ohr. Wie rückständig! Wie ineffizient! Der Gedanke schoss mir durch mein hochmütiges Hirn, hatte ich doch gesehen, gar selbst erlebt, wie sich in den Neunzigerjahren das manuelle Bauen von Zeitungsseiten ins digitale Layouten verschoben hatte. Schöne neue Welt. Zum Glück hielt ich meine Klappe. Klappe zu, Augen auf. Es war Beat, der mir die Augen öffnete. Mit liebevoller Sachlichkeit beschrieb er, was ich sah, nämlich ein Gewebe aus Bild, Text und Weißraum, bei dem nicht nur jede einzelne Seite bis ins Letzte ausgewogen erschien, sondern das auch in der Gesamtheit nicht anders als schön zu nennen war. Dem Einwand, das sei doch unnötig, weil kein Mensch das Heft jemals auf diese Weise zu Gesicht bekäme, begegnete er mit einem feinen, nachsichtigen Lächeln.

Mehr als zwanzig Jahre später schlendern wir von der Münsterpfalz über den Münsterplatz zum Rollerhof, in dem sich ein Museumsbistrot befindet, wobei ich nie genau verstanden habe, ob es zum Museum der Kulturen oder zum Naturhistorischen Museum gehört oder zu beiden, was gut möglich wäre, so eng wie sie beieinanderliegen. Es wäre nicht schwer, das zu klären, aber ich mag diese Unschärfe, und ich mag, wie eng in Basel alles beieinanderliegt.

»Tschichold«, sagt Beat. Er macht eine bedeutungsvolle Pause. Ich schaue ihn fragend an. »Der Typografie-Papst«, sagt er. Ich lächle, denn ich weiß, er verwendet das Wort »Papst« nicht ohne Bedacht, und es steckt Witz darin. Gerade noch hatten wir von der Wahl Felix' V. zum Gegenpapst im Jahr 1439 gesprochen, die hier während des Konzils zu Basel stattfand, im Haus zur Mücke. Sieben Tage Konklave, dann weißer Rauch über Basel. Im Haus zur Mücke sei er zur Schule gegangen. Beat, nicht der Papst. Realschule für Jungen. Nicht gerade seine glücklichste Zeit. Der Hausname komme von der

Äsop-Fabel, in der eine Mücke einen Löwen dazu bringt, sich selbst zu zerfleischen. »Ich schweife ab«, sagt Beat. Wir setzen uns in den Schatten eines Sonnenschirms, kommen zurück aufs ursprüngliche Thema.

Wert auf gute Gestaltung habe man bei Roche schon lange vor seiner Zeit gelegt. Mit Jan Tschichold sei Mitte der Fünfzigerjahre ein Berater ins Haus gekommen, der die avantgardistischen Ideen der Neuen Typografie mitbrachte, die im Dunstkreis des Bauhauses entstanden waren: Klarheit, Vereinfachung, Funktionalität. Von den Nazis verfolgt, war er in die Schweiz geflohen und Lehrer an der Gewerbeschule Basel geworden. Dem damaligen Leiter des grafischen Ateliers von Roche hatte der externe »Gegenpapst« selbstredend nicht gefallen. Im historischen Archiv der Fima sei so manches gestalterische Scharmützel dokumentiert. Zwölf Jahre dauerte die Ära Tschichold, es waren die Anfänge des Corporate Designs, gekrönt von seinem Standardwerk mit dem schönen Titel *Erfreuliche Drucksachen durch gute Typographie*, gespickt mit Dos and Don'ts, die heute noch nicht überholt sind.

Grafiker wie Tschichold prägten eine Schule, die später als Swiss Style Weltruhm erlangen sollte. Schweizer Stil heißt: streng sachliche Darstellung, sparsam bedruckte Seiten mit viel freiem Raum, keine Schmuckelemente. Für die einzelnen Buchstaben heißt das, weg mit den Schnörkeln und Füßchen, den sogenannten Serifen, weg von der handschriftlichen Anmutung zu einer maschinellen. »Grotesk-Schriften« nannte man das, weil sie den damaligen Lesegewohnheiten zuwiderliefen.

Und jetzt kommt Helvetica ins Spiel. Es geschah im basellandschaftlichen Münchenstein. Dort, in der Haas'schen Schriftgießerei, tüfteln Eduard Hoffmann und Max Miedinger an einer Schriftart, mit der sie einen Coup landen wollen: die Neue Haas Grotesk. Der deutschen Mutterfirma von Haas gefällt die Schrift, aber nicht der Name. Man könne sie doch Helvetia nennen. »Auf keinen Fall!«, schallt es aus Münchenstein zurück. Helvetia sei der lateinische Name der Schweiz und der Firmenname einer Versicherung, das gehe überhaupt nicht. Aber Helvetica sehr wohl, die Schweizerin, *die* Schweizer Schriftart. DIE Schrift. Punktum. Und Helvetica segelte mit dem Rückenwind des Swiss Style und eroberte die Alte und besonders die Neue Welt im Sturm, von Firmenlogos über Ladenschilder bis hin zu Steuerformularen. Sie sorgte für gute Lesbarkeit in den schummrigen Tiefen der New Yorker U-Bahn und flog auf der Nase des NASA-Space-Shuttles bis hinauf zu den Sternen.

Es gibt einen Dokumentarfilm, der zum fünfzigsten Geburtstag von Helvetica entstand. Wie mein Plakat. Ein Film über eine Schrift, gedreht von einem New Yorker. In dem Dokumentarfilm kommen viele sprechende Köpfe zu Wort, bekannte Grafikdesigner und Typografen verschiedener Generationen aus New York, London, Berlin, Zürich. *You name it.* Sie preisen und verdammen Helvetica als Inbegriff der Neutralität, als allgegenwärtige Schrift ohne Eigenschaften.

In der Designszene habe sie den Ruf eines Gebrauchsgegenstands bekommen, sagt Beat. Reihenweise hätten sich seit den Siebzigerjahren Typografen an ihr abgearbeitet wie wütende Löwen kurz vor der Selbstzerfleischung, was unter anderem dazu geführt habe, dass es heute unzählige Helvetica-ähnliche Schriften gäbe, die von Laien praktisch nicht zu unterscheiden seien und so erst recht für eine gefühlte Omnipräsenz sorgten.

Beat will mir die Gewerbeschule mit der angeschlossenen Schule für Gestaltung zeigen. Schriftsetzer hat er gelernt, ein Schüler der Schwarzen Kunst, die in Basel in gerader Linie bis zu den Anfängen der Buchdruckerei zurückreicht, und später hat er an der Gewerbeschule die Weiterbildungsklasse für Grafik besucht. Wir verlassen den Rollerhof und steuern über den Münsterplatz, dann am Kunstmuseum vorbei. Statt direkt zur St.-Alban-Fähre zu gehen, um nach Kleinbasel überzusetzen, machen wir einen kurzen Abstecher ins Museum für Papier, Schrift und Druck, wo man allerlei auch über die Weiße Kunst des Papiermachens lernen kann. Die ersten Papiermühlen in Basel entstanden im Kielwasser des Konzils, dort wurde geschrieben auf Teufel komm raus, und Basel entwickelte sich bald zum Papierproduktionsstandort von gesamteuropäischer Bedeutung. Ein besonders fleißiger Konzil-Schreiber war Aeneas Silvius Piccolomini, später Papst Pius II. Wer schreibt, der bleibt. 1459 stellte er in Mantua die päpstliche Stiftungsbulle für die erste Universität der Schweiz aus. Handschriftlich. Ein Jahr später wurde sie gegründet. In Basel.

Der Weg zur Gewerbeschule ist gepflastert mit Schrift. Noch nie ist mir das so aufgefallen. Überall sehe ich Helvetica, manchmal nickt Beat, oft schüttelt er den Kopf und weist auf die feinen Unterschiede hin:

Museumsbistro Rollerhof. Toiletten für unsere Gäste gratis. Nacht - träumen oder wachen. Münsterplatz, Münster, aus dem 9. Jh. stammende Basler Hauptkirche, um 1500 vollendet (Helvetica). Indische Rosskastanie, für die einen ein Baum, für andere ein lebendiges Schulprojekt. Vesperblasen, heute im Kreuzgang (Helvetica). Velos abstellen verboten (Helvetica). Murus Gallicus, der Keltenwall. **kunstmuseum basel.** Umgestaltung der St. Alban-Vorstadt (Helvetica). **Linderung der Noth und des Unglückes, Christoph Merian.** Lälli-Keller. Cartooonmuseum Basel (Helvetica). The Swiss British School of Basel (Helvetica). Gute Nachtruhe, danke, dass Sie zu keiner Tages- und Nachtzeit übermässigen Lärm verursachen (Helvetica). Me het e Saisonkarte. Keine Macht den Drogen. St. Alban-Rheinweg (Helvetica). Basel bleibt sauber dank dir. Basler Papiermühle. Morge-Fähri in dr Dalbe uff em Wild Maa (Helvetica). Rhylax, chill with resepct. Alemannengasse

(Helvetica). **Warteckhof. s glai Basel.** Bebbi Sagg. Landhof Kidzz. **Allgemeine Gewerbeschule Basel.** Schule für Gestaltung Basel. K'Werk, Werkschau (Helvetica). Vorkurs Propädeutikum. Fachklasse für Grafik. Weiterbildungskurse Zentrale Parkuhr. Das Areal dieses Schulzentrums dient in erster Linie den Schülerinnen und Schülern des Schulzentrums als Pausenhof, Rauchen, Drogen- und Alkoholkonsum sind auf dem Schulareal verboten (Helvetica) …

Das Schulgebäude in der Vogelsangstraße ist steingewordener Swiss Style. Ein reduzierter Sechzigerjahre-Bau, dessen einzelne Baukörper in Ausmaß und Form so zueinander in Beziehung gesetzt sind, dass ein wohlklingendes Zusammenspiel von schlank und hoch zu breit und flach, von Offenem zu Geschlossenem, von Strengem zu Freiem entsteht.

Wir lassen uns auf der Treppe vor der Aula nieder, mit Blick auf die weiße *Säule der austauschbaren Elemente* von Jean Arp. Nein, das sei keine Treppe, sagt Beat. Das sei der Affenfelsen, eine Sitzpyramide, ein beliebter Pausentreff, gestaltet von Armin Hofmann. Schon wieder so ein Hofmann, denke ich. Beat lächelt versonnen. Hofmann habe ihn geprägt. Der weltweit bekannte Grafiker. Basel School of Design. Er habe zu der Art von Lehrern gehört, die aus Schülern alles herausholen können, was in ihnen ist. Mit fast pausenloser Neugier habe er sein Studienprojekt begleitet und unterstützt. Es sei darum gegangen, Zeichen aus Religion, Politik, Kultur und Naturwissenschaften grafisch umzusetzen und in Bezug zu Bildern aus der Geschichte zu setzen. Beat holt ein Heft heraus und zeigt Beispiele: Eine schwarze Schachfigur, ein Springer, und die Fotografie eines Panzers, zusammen stehen sie für den Begriff Strategie. Ein Atommodell und ein Faustkeil, ein Modell aus den Naturwissenschaften und das älteste Werkzeug der Menschheit, gemeinsam stehen sie für Fortschritt, der auch Rückschritt heißen kann.

In den Scheiben der Gewerbeschule spiegeln sich die weißen Pyramiden-Türme. Eine Weile reden wir von alten Zeiten und Kollegen. Weißt du noch, die Marken-Polizei? Rolfs Schweizer Garde, Verteidiger der Unternehmens-Marke mit Speer und Schild. In den großen Firmen kämpfen heute ganze Branding-Abteilungen mit ihren Gestaltungsrichtlinien gegen den Wildwuchs. Corporate gegen Produktmarketing, Headquarter gegen Ländervertretungen, professionelle Orthodoxie gegen dilettantische Kreativitätsausbrüche. Es ist ein Kampf gegen vielköpfige Drachen, und schlägt man einen Kopf ab, wachsen zwei neue nach. Jeder, der mit einem Computer arbeitet, fühlt sich heute zum Grafikdesigner berufen. Hier noch die Überschrift ein wenig fetter, da noch eine Unterstreichung, und ein bisschen Farbe kann nie schaden. Am schönsten aber ist es, mit dem Logo zu spielen, das Hexagon zu Türmchen zu stapeln oder über Folienpräsentationen tanzen zu lassen.

Sein Basel sei geprägt von den Menschen, die er hier getroffen habe, sagt Beat. Die machten Basel zu seiner Heimat. Auch wenn er kein Basler sei.

»Wie jetzt? Ich dachte, du bist hier geboren?«

»Geboren und aufgewachsen. Habe alle Schulen hier durchlaufen und praktisch mein ganzes Berufsleben in der Stadt gearbeitet.«

»Aber ein Basler bist du nicht?«

Beat nestelt sein Portemonnaie heraus und zeigt mir seinen Ausweis. Bürger des Kantons Schaffhausen, steht da. Seine Eltern seien von dort. Er freut sich still über mein dummes Gesicht. Dann versucht er, mir geduldig zu erklären, wie das ist mit dem Bürgerrecht, das sich nach dem Geburtsort des Vaters richtet (oder für die Ehefrau nach dem des Ehemannes), und wie das ist mit der Zugehörigkeit und dem nationalen, kantonalen, lokalen … Nach ein paar Sätzen schalte ich heimlich ab und gebe mich der Unschärfe hin.

NACHT

DR KEN

WACH N

T

LAT

TRA

TAM

DE BA L R

ET

UM

ZUR

CAPELLE

ST

SCH

RE

AS

ROS

UR PIE

E

E EI L BE

C ULPRO

EXTREME

LERONE

ASEN

O

M KR

H

O

E

ALLEN

CAN

SC

PPEN

REGELN

OTOS

EINGAN

AB T LLE

S DER KEL

AUF

TA

AT

UND

KUNST

VOR

BASEL

UM

WARUM

CHR

DES WOH

UR

C

Die Grenzen meiner Sprache

Anfang der Neunzigerjahre begeben sich ein paar Freiburger Studierende, die sich damals noch Studenten nannten, obwohl das Grüppchen mehrheitlich aus Studentinnen bestand, mit ihrem Professor auf Exkursion. Wir sollen etwas sammeln, was in Deutschland seit der Duden-Konferenz von 1901 kaum mehr zu finden ist: verschriftlichten Dialekt im öffentlichen Raum. Nur siebzig Kilometer weiter südlich wartet das Feldforschungsparadies. Es ist das erste Mal, dass ich mit dem Zug nach Basel fahre. *Terra incognita.* Vor dem Badischen Bahnhof setzen wir unseren Fuß auf Sand, ich bin versucht, zu sagen: auf den Strand. Unter dem Pflaster, da liegt der. Genau. Tatsächlich wurde in der Gegend vor langer Zeit Schwemmsand abgebaut, und das hat sich in den Flurnamen niedergeschlagen: Landgut Sandgrube, Sekundarschule Sandgruben, Sporthalle Sandgruben und – Volltreffer – Beachvolleyballfelder Sandgruben. Aber wir sind ja nicht hierhergekommen, um Ortsnamenforschung zu betreiben.

Mit Notizblock, Stift und Kamera ausgestattet trotten wir schnurgerade durch die schattenlosen Gassen von Kleinbasel, zeigen mit ausgestreckten Fingern auf Straßenbahnen, die ein bisschen an die verkleidete Lokomotive Emma aus Michael Endes *Jim Knopf* auf dem Weg in die Drachenstadt erinnern, nur dass die Trambahnwagen hier froschgrün sind, und versuchen, die Werbesprüche auf ihnen zu entziffern, bevor sie vorbeigerattert sind. Kein leichtes Unterfangen. Wie selbst

Sprachstudierende der unteren Semester wissen, ist fortgeschrittenes Lesen kein linearer Vorgang, sondern eine Sache der Wortbild-Erkennung. Nur Erstleser buchstabieren, und auch die nur ganz am Anfang. Aber was sind das für Wortbilder? Ich fühle mich wie zurückkatapultiert auf niedrigstes Grundschulniveau. Die Wörter zerfallen in aneinandergereihte Buchstaben und rauschen vorbei, bevor ich sie wieder zu sinnvollen Bedeutungseinheiten zusammensetzen kann. Erster bleibender Eindruck: e, ü, yy, y, üü, i.

Sprache ist ein gefährliches Pflaster. Nie fühlen wir uns so dumm, wie wenn wir die Sprache, die uns umgibt, nicht beherrschen. Eine natürliche Abwehrreaktion dieser Beschämung ist, sich über das lustig zu machen, was man nicht versteht (Trämmli, Lälli, Läckerli – haha). Umgekehrt funktioniert das auch. Sprachkompetenz auf der einen Seite kann zu einer massiven Abwertung des nicht sprachkompetenten Gegenübers führen. Was helfen könnte, wäre das, was die Voraussetzung jeder gelingenden Kommunikation ist: Wohlwollen und echtes Interesse. Wenn du also jemanden nicht verstehst, oder jemand stumm wie ein Fisch vor dir steht, sollte zunächst einmal die Unschuldsvermutung, die Intelligenzvermutung, die Gleichwertigkeitsvermutung gelten.

Dumm nur, dass Sprechakte verschiedene Ziele verfolgen können. Verständigung, Verstehen und Verständnis, quasi die Überwindung des Grabens zwischen dir und mir, euch und uns, ist nur ein kleiner Teil unserer Kommunikationsabsichten.

Und sehr oft geht es weniger um die Sache, als man denkt. Hier ein Beispiel aus dem fusionierten Wanderzirkus namens Syngenta, ein britisch-schweizerisch-schwedisches Amalgam aus abgespaltenen Agrochemie-Unternehmensteilen, heutzutage in chinesischer Hand, für den ich einst in berufsadoleszentem Übermut meinen ersten Basler Arbeitgeber, Roche, verlassen hatte. Die Szene spielt direkt gegenüber vom Badischen Bahnhof, zwischen ehemaliger Sandgrube und ehemaligem

Rosengarten. Hier regierte zu meiner Zeit die *stiff upper lip*. Haltung stets korrekt, die Dornen sieht man nicht. Meine Chefin und ich sitzen im Vorstandsbüro ihres Chef-Chefs und suchen nach dem richtigen Wort. Sie ist Australierin, er Brite. Sein Lieblingswort ist *resilience*. Aber im Moment geht es um ein anderes Wort in einem Text, das ihm nicht passt. Der Text ist auf Englisch, und wir sprechen Englisch, und ich staune, welchen Schatz an Synonymen meine Chefin aufzubieten in der Lage ist. Aber noch mehr staune ich, mit welcher Hartnäckigkeit er ein ums andere Angebot abschmettert und sich am Ende scheinbar hilfesuchend an mich wendet, als ob die Deutsche da nicht nur mithalten könnte, sondern irgendetwas Wertvolleres beizutragen hätte. Ausgerechnet. Als ich meine Chefin auf dem Rückweg in unseren Trakt darauf anspreche, sagt sie, er könne es halt nicht lassen, ihr immer wieder unter die Nase zu reiben, dass sie *from the colonies* sei.

Sprache besteht aus Lauten, Wörtern, Sätzen und, vereinfacht gesagt, so etwas wie Betonung. Damit kommunizieren wir. Spätestens seit Wittgenstein wissen wir, dass auch ohne Sprache ständig kommuniziert wird. Seit sich das Coaching-Sprech bis in die letzten Winkel von Social Media ausgebreitet hat, wissen das mehr oder weniger alle. Sei's drum. Sprache ist und bleibt Kommunikationsträger Nummer eins. Mit jeder sprachlichen Äußerung blase ich eine ganze Menge an Informationen in die Luft, bewusst und unbewusst gebe ich etwas über mich preis, etwa ob ich ausgeschlafen oder betrunken bin, oder was ich von meinem Gegenüber halte. Das Spielchen des Chef-Chefs war eine Machtdemonstration, die Botschaft lautete: Du bist draußen! Mitnichten allerdings lautete die Botschaft an mich: Du bist drinnen! Ich spielte überhaupt keine Rolle, war nur Mittel zum Zweck, um der Frau aus der Strafkolonie zu zeigen, dass sie aus der Überfliegersicht des Eton-Absolventen noch unter der dummen Deutschen stand.

Englisch ist vermutlich die meistgesprochene Fremdsprache in Basel, gefolgt von Deutsch. Zumindest bekommt man diesen Eindruck, wenn man an der Rheinpromenade sitzt oder durch die Stadt flaniert und dem Volk aufs Maul schaut, unabhängig davon, ob gerade die Art Basel stattfindet oder Fasnacht oder nichts Besonderes. Eine Erfahrung, die die Expats mit den Pendlern teilen, ist die des situativen Sprachwechsels der Einheimischen. *Ex patria*, raus aus dem Vaterland, aber nicht aus der Muttersprache. In fünfzehn Jahren Basel hat meine australische Chefin beim Wanderzirkus kaum einen deutschen Satz gelernt. Mit ihrem britischen Chef und ihrem britischen Chef-Chef verhielt es sich nicht anders. Und auch mit dem Amerikaner, der irgendwann den Briten als Zirkusdirektor ablöste. Warum? Antwortversuche.

In einem Sitzungszimmer sitzen drei Schweizer, pardon, ein Zürcher und zwei Basler, sie sprechen Schweizerdeutsch. Eine Deutsche betritt den Raum und augenblicklich schalten alle auf Schriftdeutsch, das heißt, Syntax und Lexik sind wie gedruckt, das Lautliche und das Drumherum behalten eine Färbung, die mancher von weither Zugereiste, etwa aus der norddeutschen Tiefebene, fälschlicherweise bereits für Dialekt hält.

In einem Sitzungszimmer sitzen drei Schweizer und eine Deutsche, ein Amerikaner betritt den Raum und augenblicklich schalten alle auf Englisch. Das gilt übrigens auch, wenn ein Franzose den Raum betritt oder eine Brasilianerin oder ein Japaner. Sollte es vorher unter den deutsch Sprechenden noch welche gegeben haben, die sich gesiezt hätten, wechseln jetzt alle von Sie zu Du, also von *you* zu *you*. Man merkt es daran, dass plötzlich nur noch Vornamen verwendet werden. In den Kaffeepausen führt das unter Umständen zu sprachlichen Verrenkungen, wenn man sich im Tête-à-tête mit dem *you-Max*/Sie-Herr-Mustermann wiederfindet und versucht, eine direkte Ansprache mithilfe von Personalpronomen vermeidenden Allgemeinplätzen zu umschiffen.

Im Sitzungszimmer-Beispiel ist »Englisch« ein sehr dehnbarer Begriff für alle sprachlichen Äußerungen, die mit englisch anmutenden Vokabeln gebildet werden und sich lautlich an der Standardaussprache orientieren. Dieses Sitzungszimmer-Englisch zeichnet sich neben der Verwendung betriebswirtschaftlicher Fachbegriffe – weshalb es manche auch »Business-Englisch« nennen – besonders durch luftige Phrasen aus, denn die Lingua franca der Postmoderne dient nicht in erster Linie der Verständigung, sondern der Verschleierung. Ihre zweite Funktion ist die der Identifikation. Das Phrasendreschen erzeugt ein warmes Gefühl der globalen Zusammengehörigkeit. Es sei denn, man ist Muttersprachler. »Weißt du«, sagte Marty einmal zu mir, »ich höre, was gesprochen wird und ich sehe, wie gut ihr euch alle versteht, aber ehrlich gesagt, kann ich der Diskussion oft gar nicht folgen. Erst dachte ich, er meine die Sinnlosigkeit der Diskussion an sich, bis ich verstand: das Problem war der Satzbau. Im Sitzungszimmer wurde einfach weiter Deutsch gesprochen. Nur auf Englisch.«

Dafür sah Martys sprachlicher Alltag folgendermaßen aus: Seine anfangs sorgfältig vorbereitete, auf Deutsch vorgebrachte Frage oder Bitte beim Bäcker, auf dem Amt oder in der Nachbarschaft wurde geduldig angehört, durch stumme Lippenbewegungen und aufmunterndes Kopfnicken unterstützt und dann direkt auf Englisch beantwortet. Sprachwechsler. Gut gemeint. Man ist höflich. Man spricht Fremdsprachen. Willkommenskultur. Irgendwann hat er aufgegeben. Wie solle man in einem Land Deutsch lernen, in dem das gar nicht gesprochen werde? Selbst wenn man sich nicht auf Englisch an ihn direkt wende, sei das, was er als Umgebungssprache wahrnehme, meilenweit von dem entfernt, was ihm seine Lehrerin in den von der Firma bezahlten Deutschkursen beizubringen versuche.

Diese Umgebungssprache war und ist Baseldeutsch. Aber Obacht, genau wie Englisch ist auch Baseldeutsch nur eine vermeintlich eindeutige Sache. Woher ich das weiß? Sagen wir mal, unverwüstliches sprachwissenschaftliches Privatinteresse und ausgiebige Recherche. Die folgenden Informationen sind mehr zusammengetragen als erlebt, denn als Deutsche in den Genuss des Baseldütschen als gesprochene Sprache zu kommen, ist schwierig. Der Baseldeutschsprecher ist ein proteisches Wesen. Kaum glaubt man, einen dingfest gemacht zu haben, nimmt er sprachlich eine andere Form an. Sprachwechsler. Wir erinnern uns, drei Schweizer und eine Deutsche im Sitzungszimmer. Macht aber nichts, zusammengetragene Informationen sind nicht zu verachten, Sprachkarten und linguistische Doktorarbeiten sind auch nur zusammengetragen und entsprechen den realen Gegebenheiten in einer Region in etwa so wie die Wetterkarte in den abendlichen Nachrichten dem realen Wetter am nächsten Tag. Falsch sind sie nicht, sie sind wissenschaftlich solide, aber grob vereinfacht.

Grob vereinfacht gesagt, gehört Basel sprachlich zu Freiburg und Mulhouse. Hier zögere ich schon, denn empirisch betrachtet sprechen in meiner Heimatstadt die meisten, denen man begegnet, eine Art süddeutsch eingefärbtes Standarddeutsch, und im Elsass sprechen vor allem die Jüngeren hauptsächlich Französisch. (Aus meiner Sicht zumindest, die Pariser würden sich mit der Aussage vielleicht schwertun.) Also anders. Schiebt man die sprachliche Realität der Gegenwart beiseite und betrachtet die Sache sprachgeschichtlich, dann gehört Baseldeutsch zur niederalemannischen Sprachfamilie wie – der Gott der Linguisten möge mir meine Wortwahl verzeihen – Badisch und Elsässisch. Damit unterscheidet es sich von allen anderen Schweizer Dialekten, die man zum Hoch- oder Höchstalemannischen zählt. Die Unterteilung in nieder, hoch und höchst ist nicht sportlich zu verstehen, als Alemannisch-Abzeichen in Bronze, Silber und Gold, sondern bezieht sich auf die Geländehöhe: Alemannisch, wie es in der Ebene gesprochen wird, in der Halbhöhe und ganz weit oben auf dem Berg. So kommt es auch, dass Niederalemannisch am Oberrhein verortet ist und nicht etwa am Niederrhein. Die sprachliche Grenzziehung erfolgt anhand von einzelnen, entscheidenden Merkmalen, wie etwa dem anlautenden *g* in »klein«, *glai* (glai Basel), das auf seinem Weg vom Tal auf den Gipfel erst zu *k* wird und dann den Leuten immer weiter in den Hals rutscht, bis es nur noch ein röchelndes *chch* ist.

Dumm nur, dass heute in der Stadt überall *klai* oder sogar *chlai* zu hören ist. Denn das gesprochene Baseldeutsch ist in Bewegung. Nichts Ungewöhnliches für eine Sprache. Und nicht ungewöhnlich sind auch die immer gleichen sprachkonservativistischen Reaktionen darauf. Linguisten benutzen Metaphern wie, das Baseldeutsch »stehe unter Druck« dieser oder jener sprachlichen Merkmale. In der Vorstellung des Sprachbewahrers erscheint das Bild einer kleinen verängstigten Sprache, die in eine Ecke gedrängt wird, belästigt, bedroht, verführt, halb sinkt sie hin, halb wird sie gezogen. Die bösen Buben, die sie umstellen, sind von Süden her hochalemannische Mundartkennzeichen wie das *chch,* von Norden das Fernsehdeutsch der bundesdeutschen Sendeanstalten, und auch sonst macht jede am öffentlichen und privaten Diskurs teilnehmende Bevölkerungsgruppe, die nicht der reinen Lehre folgt, Druck.

Die reine Lehre vom Baaseldyytsch, ja, mit aa und yy, ist in einem roten und einem gelben Buch kodifiziert: die *Baseldeutsch-Grammatik* und das *Baseldeutsch-Wörterbuch*, insgesamt über sechshundert Seiten verschriftlichter Dialekt. Eine Bibel. Wer so was braucht? Die fasnächtlichen Laternenmaler und Bänkelsänger, genannt »Schnitzelbänkler«, Verzeihung, Schnitzelbänggler. Was dem Rheinländer seine Bütt, ist dem Basler seine Schnitzelbank. Nur steht der traditionelle Schnitzelbänggler nicht in einer Mehrzweckhalle auf der Bühne.

An Fastnacht kommt in Basel der Dialekt in Bewegung. Wer schon mal beim Morgenstraich war, weiß, wovon ich spreche. Den großen Zauber der Veranstaltung machen vor allem die Laternen aus. Die Bezeichnung »Laterne« leistet Missverständnissen Vorschub, denkt man doch vielleicht zunächst einmal an die Art von Straßenbeleuchtung, unter der einst Lili Marleen stand, ein quaderförmiger Lichtkörper auf einer langen Stange, an die man sich lasziv anlehnen kann (ikonografisch umgesetzt auf dem Pflaster des Basler Rotlichtviertels, in Grün), oder vielleicht an das, was der Krippen-Josef in seine Holzhand geschnitzt bekommt, im besten Fall denkt man ans Laternelaufen im Kindergarten, was die Kleinen da umhertragen, heute ausschließlich am TÜV-geprüften, akkubetriebenen Plastikstab, kommt zumindest den Kopflaternen der umherziehenden Fasnachtscliquen am nächsten. Die Hauptsache am Morgenstraich sind aber etwas andere »Laternen«. Die können schon mal das Ausmaß eines mittleren Autoanhängers annehmen, die Kastenform kommt auch ungefähr hin. Sie leuchten von innen, wie das Laternen gemeinhin so tun, sind kunstvoll bemalt und, jetzt kommts: beschrieben. Das ist entscheidend, denn der Morgenstraich ist eine *stumme* Veranstaltung, nicht zu verwechseln mit *still.* Das Pfeifen und Trommeln ist ohrenbetäubend. Nur wird weder gesprochen noch gerufen oder gesungen, es regiert das geschriebene Wort. Und geschrieben wird nach der Bibel. Dem auswärtigen Besucher geht es mit den Laternen wie dem Studierendengrüppchen mit den vorbeifahrenden Straßenbahnen, obwohl die Cliquen gemessenen Schrittes marschieren, eins, zwei, eins, zwei, ein bisschen schwankend vor lauter Gemessenheit. Längere Texte wanken vorbei, bevor man noch die ersten Zeilen entziffert hat. Vielleicht könnte es helfen, sie in gut lesbarer Helvetica-Schrift auf die Laternenhülle zu drucken, aber geschrieben wird hier mit der Hand. Dem Zauber der Veranstaltung tut das keinen Abbruch, die Bildkommunikation steht klar im Vordergrund, vergleichbar mit mittelalterlichen Kirchenfenstern, die in bunten Farben das Wort Gottes als Bildergeschichten kommunizierten, bevor irgendjemand auf die Idee kam, die Bibel in die Sprache des Volkes zu übersetzen.

Womit wir wieder beim Thema wären. Sprache des Volkes. So wie da auf den Laternen geschrieben und in den Cliquenkellern gedichtet wird, spricht heute kein Mensch mehr. Oder kaum einer. Und die allermeisten Basler haben niemals so gesprochen, da sind sich die Linguisten-Kollegen von der Uni Basel sicher. Das Baaseldyytsch der Zünftler und Fasnächtler orientiere sich an der Sprache des Daigs, also den linguistischen Eigenheiten der oberen Gesellschaftsschicht, scherzhaft als »Dalbenesisch« verunglimpft, nach einem der bevorzugten Wohnquartiere dieser Gesellschaftsgruppe, St. Alban, genannt »Dalbe«. Die Wissenschaft nennt das einen Soziolekt. Deshalb braucht der gemeine Fasnächtler ein Wörterbuch. Um richtig von falsch zu unterscheiden.

Auch wenn die Fasnacht in Basel gerne als allgegenwärtig bezeichnet wird, reicht ihr Einfluss sprachlich gesehen dann doch nicht ganz an die Wirkung der lutherschen Bibelübersetzung heran, die immerhin dafür gesorgt hat, dass die Norddeutschen heute glauben, Hochdeutsch sei ihre eigentliche Sprache.

Aber wie sprechen sie denn nun, die Basler? Grob gesagt: spitz und mit Witz, schneller als der Rest der Eidgenossen. Sie gelten als schlagfertig, die Basler. Das macht sie verdächtig. Es heißt, im Schweizer Dialektfilm sprächen die Bösewichte und Unsympathen besonders häufig Baseldeutsch. Die meisten Dialektfilme werden in Zürich produziert.

Der Turmbau zu Basel

Es ist eine Begegnung wie keine zweite. Der Mund bleibt offen stehen, es kribbelt in der Wirbelsäule, und das Hirn arbeitet wie verrückt, um sich einen Reim darauf zu machen, was die Sehnerven da melden. Du stehst äußerlich wie gebannt und innerlich herumgeworfen zwischen Abscheu und Bewunderung, du fühlst dich emporgehoben und gleichzeitig klein und verloren. Das Erhabene. Wer hat's erfunden?

In der Schweiz wurde es erfunden, allerdings von den Engländern. So wie sie auch den Schweiz-Tourismus erfunden haben. Edmund Burke verwendet den Begriff *sublime* Mitte des achtzehnten Jahrhunderts zum ersten Mal in seinem Werk *Philosophische Untersuchungen über den Ursprung unserer Ideen vom Erhabenen und Schönen*. Auf Englisch: *The Beautiful and the Sublime.* Aber, Vorsicht! Mit dem gleichlautenden deutschen Adjektiv »sublim« – also »subtil« und »unterschwellig«, etwas, das nur mit feinem Gespür wahrgenommen werden kann – hat das nun wirklich nichts zu tun, sondern mit unermesslicher Größe und Weite, die den Verstand des Menschen sprengt. Fassungslosigkeit. Entsetzen sei das beherrschende Prinzip des Erhabenen, sagte Burke und bezog sich dabei auf die Erfahrungen seiner Landsmänner, von denen einer die Begegnung mit den Schweizer Alpen auf seiner Grand Tour so beschreibt: »Ein köstliches Entsetzen, eine entsetzliche Freude, und gleichzeitig war ich unendlich glücklich, ich zitterte.« Schön sei das nicht. In der Folge von Burke haben Kant, der bekanntlich Königsberg nie verlassen hat und dem ich nun wirklich keinen Basel-Bezug andichten kann, Nietzsche, der zehn Jahre an der Uni Basel lehrte, und andere Geistesgrößen am Erhabenen herumgedacht. Mal haben sie es vom Schönen geschieden, mal versucht, beide Konzepte in Einklang zu bringen. Überlassen wir die philosophisch-psychologische Theorie den Theoretikern und wenden uns konkreten Dingen zu.

Wenn ich sage: Schweiz und Berg – was kommt einem dann als Erstes in den Sinn? Das Matterhorn, oder? Das ist zweifelsfrei erhaben und schön. Am spitzpyramidigen Matterhorn kommt in der Schweiz niemand vorbei. Und so ist es nur konsequent, dass es auch die Ankunftshalle des Schweizer Bahnhofs in Basel ziert, neben anderen prächtigen Berg-und-See-Panoramen im Tourismusplakat-Hodler-Stil. Sehr wahrscheinlich war diese Kunst am Bau hier aber nicht nur für die Engländer gedacht, sondern auch für die aus anderen Teilen der Schweiz Anreisenden, damit sie sich unter dem gefühlt flandrischen, berglosen Basler Himmel nicht so verloren vorkamen. »Wenn man halt immer nur Berge vor der Nase hat …«, sagen die Basler mit Schulterblick auf die restlichen Eidgenossen und lassen den nicht sehr nett gemeinten Halbsatz höflich unvollendet.

Basel hat jetzt auch ein Bergmassiv. Es erhebt sich direkt am Rhein.

Plattentektonische Bewegungen, Erosion und Gletscherschliff haben das Matterhorn geformt. Das hat eine Weile gedauert und ist hundert Millionen Jahre her. Viel schneller wuchs das weiße Gebirge in Basel in die Höhe. Vor zwanzig Jahren war davon noch nichts zu sehen, noch nicht einmal zu ahnen. Wie in einer Mahler-Sinfonie, wo alles ruhig vor sich hinfließt und sich die Harmonien, evolutionär statt revolutionär, eine aus der anderen entwickeln, während sich eine subtile Spannung aufbaut, bis es plötzlich zu einem ohrenbetäubenden Durchbruch kommt. Eruptiv. Mit den noch heute andauernden Bewegungen der afrikanischen und europäischen

Kontinentalplatten hat die Entstehung des neuen Bergmassivs nichts zu tun, auch wenn die am Oberrhein zu spüren sind und die Region zu einem europäischen Erdbeben-Hotspot machen.

Der neue ikonische Gipfel ist ein Gebilde von Menschenhand. Stahl, Beton, Glas, steil aufsteigende Form, schneeweiß. Und er ist hoch. Sehr hoch. Fährt man von Freiburg nach Basel, sieht man ihn schon von Weitem, vor allem an schönen Tagen vor sattblauem Himmel. Während der Zug seinen weiten Bogen hinter Weil am Rhein über die Wiese macht – die Wiese ist keine Wiese, sondern ein Fluss, wäre es eine Wiese, würde sie in dieser Gegend Matte heißen –, erkennt man, dass es Türme sind, zwei einander zugeneigte Türme, die am Horizont herumzuwandern scheinen, von rechts der Bahnlinie nach links und wieder nach rechts. Steht man auf den Wiesen hinter Muttenz (die hier Matten heißen), einer der basellandschaftlichen Gemeinden, wo man gerne wohnt, wenn man ein bisschen Platz ums Haus haben will, sieht man in der Ferne was? Die weißen Türme. Wenn man in die Höhe geht, kann man sie von noch viel weiter weg sehen. Auf der Münsterpfalz und auf jeder beliebigen Brücke oder Fähre über den Rhein sieht man sie sowieso. Eigentlich von jedem Punkt des Stadtgebiets aus. Außer man steht direkt am Rheinufer mit dem Solitudepark im Rücken, weil man vielleicht ins Wasser will, oder etwas weiter flussabwärts, weil man auf die St.-Alban-Fähre wartet und nach Großbasel übersetzen möchte. Dann sieht man das Münster auf seiner Erhebung mit seinen zwei Türmen – Verzeihung, Türmchen. Das war einmal *das* Postkartenmotiv von Basel, die Älteren werden sich erinnern.

Wir nehmen den umgekehrten Weg, steigen am St.-Alban-Rheinweg in die St.-Alban-Fähre, als wären wir ein Daig-Mensch aus der Dalbe, und lassen uns an den Fuß dieses künstlichen Gebirges schippern. Es gibt einen Film des Schweizer Fernsehens, der eine solche Fahrt in hübschen

Bildern eingefangen hat. André Hoffmann und Jörg Duschmalé sitzen entspannt auf den schlichten Holzbänken der von der Strömung angetriebenen, an einem Drahtseil befestigten Fähre und würdigen die spektakuläre Aussicht kaum eines Blickes. Zwei der reichsten Männer der Schweiz, sagt die Stimme aus dem Off. Es ist ein trüber Tag, und an trüben oder nebligen Tagen fällt es viel leichter, so zu tun, als wären diese Türme gar nicht allgegenwärtig. Vor dem grauen Himmel machen sie sich fast unsichtbar. Es sei vielleicht schon eine gewisse Aggressivität im Bau, sagt André im O-Ton. Schon vor zwanzig Jahren vertrat er die Familie, der das Unternehmen bis heute faktisch gehört, im Verwaltungsrat. Damals wäre ein solcher Film undenkbar gewesen. Als alte PR-Tante habe ich sofort das Gefühl, dass er nur ein Wort wiederholt, das ihm der Fragen stellende Filmemacher vorgesagt hat. Ein kleiner Kommunikations-Fauxpas. »Aggressiv« ist kein Roche-Wort. Daran hat sich bestimmt nichts geändert, auch wenn die Corporate Identity inzwischen ein oder zwei behutsame Makeovers hinter sich hat. Firmenidentitäten beschränken sich schon lange nicht mehr aufs Corporate Design mit Logo, Farben und Hausschrift, heute wird alles in der Branding-Bibel festgeschrieben, sogar die Wortwahl und die Tonalität. *Corporate Language*, *Corporate Tone of Voice*. Die Erben des Firmengründers brauchen keine Branding-Bibel, sie haben die Kernbotschaften und die richtige Ausdrucksweise von klein auf am Familientisch gelernt. André lässt das Wort nicht so stehen. Er zögert kurz, dann schiebt er einen Satz hinterher, der mit »aber« beginnt: Aber das sei schon eine wichtige Firma.

Als ich zum ersten Mal zum Vorstellungsgespräch in die Grenzacherstraße kam, vom Badischen Bahnhof vorbei an der Baugrube des Messeturms, vorbei an der Gewerbeschule, war ich sehr beeindruckt. Ich war beeindruckt von der oberirdischen Bebauung und den unterirdischen, weit verzweigten Gängen, die alles diesseits und jenseits der Straße verbanden.

Ich war beeindruckt von den auf den ersten Blick nicht sichtbaren massiven Zugangsbeschränkungen. Vor allem aber war ich beeindruckt von der Tatsache, dass die Konzernleitung in einem schlichten zweigeschossigen Bau residierte, statt, wie ich erwartet hätte, in der obersten Etage des einzigen Hochhauses auf dem Gelände. Mir gefiel, dass die Gebäude nicht plump von eins bis neunundneunzig durchnummeriert waren, sondern jeweils nach dem Jahr ihrer Planfertigstellung beziffert wurden, Bau 21, Bau 52, Bau 74, und dass die Namen der jeweiligen Architekten mit einer gewissen Ehrfurcht ausgesprochen wurden: Roland Rohn, Otto Rudolf Salvisberg …

Heute gleicht die Straße einer weißen Schlucht aus Neubauten, die sich zu den Türmen hin zu verengen scheint. Wer hier langgeht, der verzwergt von Schritt zu Schritt und steht am Ende mit offener Kinnlade in einer Art Gletscherspalte.

Die Bergtour ist eine beliebte Metapher im Business. Es geht darum, gut vorbereitet und gleichzeitig flexibel zu sein, es geht um Disziplin und Loyalität, es geht darum, gerüstet zu sein für den Vorstoß in Gegenden, in denen noch nie ein Mensch zuvor und so weiter. Trittsicherheit und Schwindelfreiheit braucht es für die Jagd nach Rekorden.

Rekordergebnisse sind das tägliche Brot der Konzerne. Gestiegen, gesteigert, Rekord, übertraf um, lag signifikant über. Als ich noch Geschäftsberichte verfasste, wünschte ich mir eine Maschine, die mir das Jonglieren mit den immer gleichen Vokabeln abnehmen könnte. So was müsste sich doch programmieren lassen, dachte ich damals, genauso wie die Schaubilder für die Bilanzmedienkonferenzen. Wenn ich heute durch die Grenzacherstraße an den neuen Forschungs- und Bürogebäuden vorbeigehe, kann ich mich des Eindrucks nicht erwehren, dass hier ein überdimensionales, stetig ansteigendes 3D-Balkendiagramm in den Himmel projiziert wurde. Gestiegen, gesteigert, Rekord. Dezent in Weiß, aus einem Guss.

Firmenseitig wurde bei den feierlichen Eröffnungen von Bau 1 und Bau 2, so die offizielle Nummerierung der Türme, die aber weder 2001 noch 2002 geplant wurden, mit keinem Wort erwähnt, dass es sich um das höchste und dann das noch mal höhere höchste Gebäude der Schweiz handelte. Man sprach von einer »evolutionären Entwicklung« am Standort Basel. Fast hätte man meinen können, die Firma sei umständehalber zu diesen Dimensionen gezwungen worden. *Tone of Voice.*

Dieses pietistische Dilemma klingt vertraut in meinen Ohren, leidet man doch in der Gegend, in der ich geboren wurde, auch oft an der eigenen Großartigkeit, besonders wenn sie sich nicht verstecken lässt, und wird nicht müde zu betonen, dass man sich das nicht ausgesucht habe, sondern nur seiner unausweichlichen, gottgegebenen Pflicht nachkomme, denn alles andere wäre ja sünd und schad. Und außerdem sei die Entscheidung für den großen Mercedes komplett vernünftig und nachhaltig. Wasserdichte Loyalitätsargumentation. Dicke Autos sieht man in Basel selten. Es soll sie geben, aber meist verbleiben sie wohl in den Garagen, und selbst die Daig-Menschen fahren wie sehr, sehr viele andere auch mit dem Velo. Das ist keine Pose, das ist Fakt. Basel-Stadt ist der Kanton mit der niedrigsten Kraftfahrzeugzulassungsquote pro hundert Einwohner in der Schweiz. Grün und links gar seien sie in Basel, raunt man sich dort zu, wo die echten Berge stehen, und je höher die Berge, desto lauter wird geraunt. Dessen ungeachtet, liegen die Loyalitäten auch in Basel zweifelsfrei bei der hiesigen Wirtschaft, und die macht nun mal in neunundneunzig von hundert Fällen irgendwas mit Chemie. Auch wenn man heute Life-Sciences sagt, was viel weiter reicht und außerdem freundlicher und sauberer und lebensbejahender klingt. Wes Brot ich ess, des Lied ich sing. Manchmal singen die Basler aus Begeisterung, manchmal aus Pragmatismus, an den drei schönsten Tagen des Jahres singen sie mit spitzem Unterton.

Zweifellos: Ohne die Life-Sciences-Unternehmen mit ihren tiefen Taschen gäbe es viele Durchbrüche in der Medizin nicht. Und ohne die Chemie in all ihren Verästelungen und Clustern wäre Basel vermutlich nicht viel mehr als eine alte Universitätsstadt mit überschaubarem Haushalt wie Freiburg. Ist es aber nicht. Es ist an vielen Stellen so schön, dass einem die Luft wegbleibt. Und das liegt am Geld, das hier von einer sehr speziellen »unsichtbaren Hand« verteilt wird und alles bewegt.

Wer sich mit den Bauten in Basel jeweils ein Denkmal setzt, darüber darf spekuliert werden. Es gehören ja immer zwei dazu, einer, der das Geld hat, und einer, der's verbaut. Die Rekordhalter unter den zahlreichen preisgekrönten, international bedeutenden Architekten, die in der Stadt ihre baulichen Spuren hinterlassen haben, sind Herzog und de Meuron, zwei Basler Buben, die sich schon in der gemeinsam besuchten Grundschule die Bälle zugekickt haben.

Sich ihre neusten Arbeiten für Roche anzusehen geht inzwischen recht reibungslos. Während es früher selbst engsten Angehörigen von Angestellten des Unternehmens nicht erlaubt war, das Roche-Gelände an anderen Tagen als am sogenannten Familientag zu betreten, gibt man sich heute zugänglich und bietet öffentliche Turmführungen an, die allerdings für Monate im Voraus ausgebucht sind.

Wem das zu lange dauert, der könnte es mal mit Online-Dating versuchen, einfach gezielt nach Rochianern oder Rochianerinnen suchen, sich nicht lange mit schriftlichem Geplänkel aufhalten, sondern direkt ein erstes Date vereinbaren – und zwar in der Bar im Bau 2, rund zweihundert Meter über dem Rhein. Die Idee stammt leider nicht von mir, sondern von einem meiner Studierenden. Ob er seine Idee jemals umgesetzt hat, entzieht sich meiner Kenntnis. Eine Zeit lang dachte ich, ich müsste der Welt etwas von meiner Berufsweisheit zurückgeben und junge Menschen an der Universität in die Geheimnisse der Unternehmenskommunikation einweihen. Das Highlight des Kurses war eine Exkursion nach Basel und das Highlight des Highlights damals, wie mir vielstimmig versichert wurde, war die Cafeteria im Bau 1. »Hier mit einer Frau …«, sagte der junge Mann aus den offenbar tiefen Empfindungen heraus, die die Erhabenheit des Gesehenen bei ihm auszulösen schien, und ließ den Halbsatz in bedeutsamem Schweigen auslaufen. Sehr förderlich für die Entstehung einer Liebesbeziehung sei das gemeinsame Erleben emotional einschneidende Momente, wollen Psychologen herausgefunden haben. Köstliches Entsetzen, kribbelnde Wirbelsäule, offener Mund.

Ja, ich gebe es zu, auch mir blieb der Mund offen stehen, als ich aus der Gletscherspalte in der Grenzacherstraße kommend auf die Dachterrasse von Bau 2 trat, von wo man auf den wenige Jahre jüngeren Bau 1 hinunterschauen kann. Früher Abend, die Sonne hängt schon tief im Westen und vergoldet die Stadt. Nie habe ich sie zuvor so gesehen, höchstens vom Flugzeug aus, aber da schaut man nur durch ein winziges ovales Loch. Hier auf der Dachterrasse liegt alles vor einem wie ein Miniaturwunderland. Dicht an dicht. Basel sei überschaubar, heißt es immer, hier oben bekommt das Wort seine eigentliche Bedeutung. Landes- oder Kantonsgrenzen sieht man nicht, aber den Jura und die Vogesen und den Schwarzwald und den Oberrheingraben, und man ist froh, dass heute erdbebensicher gebaut wird. Und dann der Rhein, eine Goldader, an die sich alles anschmiegt, und seine Brücken und Fähren, die Großbasel und Kleinbasel mit feinen Stichen zusammenhalten. Und hinter der Rheinbiegung, nach der Dreirosenbrücke, liegen die Architekturpreziosen, die sich Novartis, der andere Pharmagigant, zusammengesammelt hat. Wie Riesenspielzeug wirken auch die stehenden und liegenden Quader der Messe, das große Himmelsauge von der falschen Seite aus betrachtet, ist ein blindes Loch.

Mit dem Kopf in den Wolken ahnt man nicht nur den flandrischen Himmel, man ahnt die Sphären über einem, und ich würde gerne die Astronauten auf der ISS fragen, ob man denn nun Basel vom Weltall aus sehen könne, so wie die Pyramiden von Gizeh und das Matterhorn. Aber vielleicht muss dazu erst noch der dritte Roche-Turm vollendet werden. Bau 3 wäre dann ungefähr so hoch wie der Messeturm und dieses Gebäude, mit dem die Zürcher für vier lange Jahre den Baslern den Rekord weggeschnappt hatten, zusammen.

Der Rochianer, der mich eingeladen hat, zeigt in den Himmel. Schau, da ist schon der Abendstern. Die Venus, sage ich. Er antwortet nicht und schaut nur. Plötzlich bricht es aus ihm heraus. Es sei eine Unverschämtheit. Bodenlos. Dass es einem einzelnen Menschen, und sei er auch ein noch so erfolgreicher Techunternehmer, erlaubt sei, künstliche Sterne wie Lichterketten in den Nachthimmel zu hängen und über acht Milliarden Menschen gleichzeitig mit seiner egomanischen Machtdemonstration die Aussicht zu versauen. Ich lächle. So eruptiv kenne ich ihn gar nicht. Bevor wir zurück zum Aufzug gehen, lassen wir noch einmal den Blick schweifen. Das Münster in der Abendsonne ist noch röter als sonst, auf der Pfalz stehen winzige Figürchen, bestimmt machen sie Fotos von der Kleinbasler Skyline. Und vielleicht steht jemand auf seinen Ellenbogen gestützt, und sein Blick durchdringt die Gegend, er sieht gen Himmel und auf seine Begleiterin, sieht ihr Auge thränenvoll, legt seine Hand auf die ihrige und sagt: »Herzog und de Meuron«.

Die Liebe zu Basel

»Aber Sie lieben Basel?« Helen Liebendörfer schaut unverändert freundlich nach unserem langen Gespräch. Wir sitzen im schattigen Innenhof des Rollerhofs, unter weißen Schirmen, zwischen Oleander, der Brunnen plätschert und suggeriert Frische. Die Mittagesser, die eben noch die anderen Tische füllten, sind verschwunden. Die leeren Stühle, ordentlich zusammengeschoben, scheinen einander zugeneigt, als hingen sie gemeinsam den Themen nach, die eben noch besprochen wurden. Helens Frage hängt in der Nachmittagsluft, steigt und sinkt wie eine Seifenblase. Alle Farben schillern in dieser Frage.

Ich stelle mir vor, wie Helen durch ihre Stadt geht. Wo sie geht, geht sie auf hundert Schichten. Geht sie allein, dann ist sie mit dem Kopf in der Gegenwart wie alle anderen auch. Die weißen Türme, ja, die seien schon mächtig. Schön? Na ja, originell seien sie nicht. Pause. Geht sie mit anderen, die etwas wissen wollen, dann tut sich an jeder Stelle, an der sie mit ihrem Grüppchen stehen bleibt, die Zeit auf, als führe man mit einem Fahrstuhl durch die Jahrhunderte. Die Reise durch die Zeit passiert im Kopf, die Verwandlung des Ortes geschieht durch Erzählung. Stadtführerin sei sie gewesen, über dreißig Jahre lang, erzählt sie mir auf Baseldeutsch, wahrscheinlich mit Riehener Akzent. Ob ich Mundart verstünde. Ja? Gut. Sie schwankt kein einziges Mal mehr zurück ins Schriftdeutsche. Schwanken ist naturgemäß eine wacklige Sache, und wenn man Pech hat, entstehen daraus wacklige Gespräche. Die sprachliche Anpassung ans Gegenüber ist ein Akt der Höflichkeit. Paradoxerweise kommt man sich so nicht näher, sondern einer von beiden kommt ins Schwimmen. Das wirkt sich aus, selbst wenn er ein sehr guter Schwimmer ist. Es ist in etwa so, als säße einer im Kajak, während der andere mit seinem Wickelfisch im Rheinwasser treibt. Gespräche auf Augenhöhe und Gespräche mit Tiefgang kann man nur führen, wenn jeder fest auf dem Grund seiner Sprache steht.

Stadtführungen. Auf dem Weg zu Helen in den Rollerhof kam mir quer über den schattenlosen Münsterplatz eine dieser Wikinger-Reisegruppen entgegen, Viking Cruises. Im Urlaub nennen wir sie »Kreuzfahrer«, dann lachen die Kinder. Diese Kreuzfahrer kommen inzwischen fast überallhin. Ich frage mich, ab welchem Busentfernungsradius man wohl noch seine Ruhe vor ihnen hat. Dass sie durch Basel ziehen, ist keine Überraschung. Flusskreuzfahrten liegen schon lange im Trend, draußen in Richtung Dreiländereck, an der Schiffhaltestelle im St. Johann, liegen die Schiffe am Quai, nicht nur die der Wikinger, aber die sind einfach am lustigsten, wegen des Namens. Die Mitglieder der Reisegruppe bewegten sich recht langsam fort und in aller Stille. Das lag nicht nur an der Hitze auf dem Münsterplatz, sondern vor allem an dem schwarzen Kästchen, das sie um den Hals baumeln hatten. Damit empfingen sie, was die Dame, die vorneweg marschierte, leise vor sich hinsprach. Sie trugt ein unauffälliges Headset und ein weißes Poloshirt mit einem kleinen Logo. Die anderen lauschten in sich gekehrt, jeder für sich. Einer blieb zurück, noch schnell ein Foto machen, dann fasste er sich ans Ohr und beeilte sich, aufzuschließen, um die verlorene Verbindung wiederherzustellen. Die Gruppe verschwand in Richtung Rheinsprung. Hinterher der leicht gehetzt, ein bisschen panisch wirkende Fotograf.

Lieben Sie Basel? Helen stammt aus Riehen. Riehen ist eine der zwei Landgemeinden des Kantons Basel-Stadt. Die andere heißt Bettingen. Helen wohnt in Muttenz. Muttenz ist eine von sechsundachtzig Gemeinden des Kantons Baselland. Muttenz liegt am Stadtrand von Basel. Basel ist Helens Stadt. Ohne jeden Zweifel.

Sie erzählt, wie sie zur Stadtführerin wurde und zur Autorin von Stadtführern und zur Autorin von historischen Romanen, wie eines sich aus dem anderen ergab und sich bis heute gegenseitig befruchtet. In Basel liegt alles nah beieinander.

Ich lausche und träume ein bisschen, wie das auch sein kann mit den Stadtführungen, ohne Headset und In-Ear-Kopfhörer auf Empfang. Da trabt man hinter einer Person her, die sehr laut und deutlich spricht, und jeder dritte Satz lautet: »Treten Sie doch ein bisschen näher!« Und zum Abschluss jeder Station kommt die Frage nach den Fragen: »Noch Fragen?« Auf dem Weg von einer Sehenswürdigkeit zur nächsten kann man sich mit seinem Reisepartner unterhalten oder ins Gespräch mit Fremden kommen, die auch diese Führung gebucht haben, Restauranttipps austauschen, vielleicht sogar ein bisschen flirten und sich für später verabreden, oder man kann jederzeit einfach seinen eigenen Gedanken nachhängen und sich dann wieder einklinken. Dass man nicht unbedingt jedes Wort versteht, tut dem Verständnis für den Ort, durch den man sich bewegt, keinen Abbruch. Schattenseiten? Bei manchen territorial veranlagten Zeitgenossen löst so eine traditionelle Stadtführungsgruppe derartige Identifikationsschübe aus, dass sich zufällig und temporär dazugesellende Mitlauscher mit missachtenden Blicken gestraft, wenn nicht gar durch Einander-Zuzischeln von Halbsätzen wie »Unmöglich! Unverschämt! Profitieren wollen, ohne zu bezahlen!« vertrieben werden. Als handle es sich bei den Ausführungen der Stadtführerin um Pizza, von der man sich unerlaubterweise gratis bedient und den anderen etwas wegisst.

Es gibt auch diese Stadtrundgänge mit Event-Charakter. Die Stadt wird zur Kulisse. Schauspieler in vermeintlich historischen Kostümen spulen ihr Programm ab. Die Führungsteilnehmer werden zum Publikum, das lacht und ah und oh macht und am Ende applaudiert. Und seit Neustem taucht man in virtuelle Welten ein, hält sich das Handy vor die Nase, das sowieso bald fest mit der Hand verwachsen sein dürfte. Das mobile Endgerät wird zum Zeit-Fenster, durch das man an ausgewählten Orten in die Vergangenheit schauen kann. Oder man setzt sich gleich eine VR-Brille auf und begegnet nacheinander Kelten, Römern, Rittern, Piccolomini und dem frisch gewählten Papst, Erasmus, der ins Gespräch vertieft mit Froben quer über den Münsterplatz spaziert, sein griechisch-lateinisches Neues Testament unter den Arm geklemmt, oder den Wutbürgern der Reformation, die mit Hacken und Spießen bewaffnet die Kirche stürmen, oder den feinen Seidenbändelherren, die sich auf dem Weg zu ihren herrschaftlichen Häusern den Dreck des bäuerlichen Hinterlandes aus den Kleidern klopfen, oder Hesse auf seinem täglichen Gang zum Münster oder, von mir aus, Frisch, der mit den Händen in den Taschen in Richtung Pfalz schlendert, um nach dem flandrischen Himmel zu sehen.

Ob Frisch Basel liebte, ist mir nicht bekannt. Jedenfalls hat er kein Basel-Buch geschrieben und sich mit dem salomonischen Satz begnügt, in Basel sei alles anders. Ein in jede Richtung offener Satz. Wertungsfrei. Bedeutungsschwere Bedeutungslosigkeit.

Was weiß man über eine Stadt, wenn man vor den zehn wichtigsten Gebäuden gestanden hat, in den zehn besten Kneipen, Bars oder Restaurants war oder die zehn bedeutendsten Museen besichtigt hat? Über vierzig davon soll es in Basel geben, was es bei einer Fläche von nur siebenunddreißig Quadratkilometern vermutlich zu der Stadt mit der höchsten Museumsdichte macht. Europaweit, schweizweit sowieso, womöglich weltweit. Was weiß man über Basel, wenn man auf dem Münsterberg war und im Kunstmuseum, wenn man mit der Fähre gefahren und am Rhein entlanggegangen ist, wenn man Läckerli gekauft und die Mittlere Brücke überquert hat, wenn man im Stadttheater Dürrenmatts *Physiker* in einer Inszenierung von Marthaler gesehen oder im Casino, das, anders als der Name suggeriert, ein Konzertsaal ist, Mahlers 2. Sinfonie unter Boulez gehört hat? Alles rein theoretisch.

Stadtführer und Stadtbeschreibungen kommen nicht ohne Superlative aus, im Zweifelsfall tut es auch ein Komparativ. Höher, schneller, weiter. Das höchste dies, das größte das, der älteste hier, die längste da. Maßzahlen, Jahreszahlen. Die Vermessung des Ortes. Durch meinen Kopf rauscht das durch. Was bleibt von einem Ort, an dem man nur einmal kurz von Bord geht? Und was geschieht mit einem Ort, wenn man zurückkehrt? Wenn man zum dritten Mal kommt und wieder und wieder, wenn man täglich kommt und wieder geht, wenn man dort lebt? Wenn man anfängt, Tiefenbohrungen zu unternehmen.

Tiefenbohrungen sind Helens Spezialität. Thematische Stadtrundgänge, Vorträge. Mit den Jahren sind immer mehr Schichten dazugekommen. Sie hat ungewöhnliche Perspektiven gefunden, oft weibliche wie die der Wibrandis Rosenblatt, der Frau des Reformators Oekolampad, aus denen sie historische Ereignisse und Epochen beleuchtet. Inzwischen führe sie fast nur noch Einheimische, sagt sie. Die Basler liebten es, sich durch ihre eigene Stadt führen zu lassen, wieder und wieder.

Und sie lesen gerne über ihre Stadt. In der weitläufigen Buchhandlung in Großbasel mit dem schönen Slogan »Wo das Kulturherz schlägt« ist ein ganzer Bereich allein für Bücher aus oder über Basel reserviert. »Bâleness nennen wir das«, sagt Carmen Lee, »oder Basilensis.« Carmen ist fürs Basler Kulturherz zuständig, schon in der zweiten Generation. Helens Bücher stehen da auch. Und die von Sulzer und

Schneider und vielen anderen. Spaziergänge, Betrachtungen, Reflexionen, Erinnerungen, Gebrauchsanweisungen. Romane auch. Erzählungen, Lyrik. Die Verlage aus Basel, von denen mindestens einer firmengeschichtlich sogar bis in die Anfänge des Buchdrucks mit beweglichen Lettern reicht, präsentieren hier ihr Programm. Man fühlt sich verpflichtet. Im besten Sinne. Natürlich liebe sie Basel, sagt Carmen. Ich staune. Da, wo ich wohne, würde man höchstens sagen, Freiburg sei schon schön. Das bedingungslose Lieben, die Stadtrundgänge und die Bücher über Freiburg überlassen wir den Touristen. Touristen interessierten in Basel eigentlich keinen, sagt Helen trocken, außer vielleicht die, die sich beruflich damit beschäftigten. »Visit Basel«, Stadtmarketing.

Das Kulturherz von Basel ist übrigens riesengroß, da passt sogar der Fußball rein. Auch der EFFzebe – Betonung auf der ersten Silbe und nicht zu verwechseln mit dem EfzeBEE aus München – hat eine eigene rot-blaue Ecke in der Buchhandlung. Der FC Basel und der FC Bayern teilen sich nicht nur das Akronym und die Vereinsfarben, sondern auch die Stadion-Architekten und die Tatsache, dass beide über Jahre hinweg die jeweilige Landesmeisterschaft für sich gebucht hatten. Zu den bekennenden Fans gehören Stararchitekten, Museumsleiter und Kulturmanagerinnen des Kantons Basel-Stadt genauso wie der Regio-Fanclub aus Liestal, dem Hauptort des Kantons Basel-Landschaft. Die Zusammenhänge zwischen Liebe, Lokalpatriotismus und Fußball sind gut erforscht, im Großraum Basel führt das zu einem interessanten Phänomen: der partiellen Wiedervereinigung.

Früher dachte ich, Basel-Stadt und Basel-Landschaft seien zwei Teile, die zusammengenommen erst ein Ganzes bildeten. Halbkantone seien das, hatte man mir gesagt. Yin und Yang. Zwei aufeinander bezogene duale Prinzipien, die sich nicht bekämpfen, sondern ergänzen. Das Einzige aber, was seit 1833 halb ist, ist der Sitz im Ständerat. Damals hatte nämlich das

Hinterland genug von den feinen Herren aus der Stadt, die ab und zu hereinschneiten, um die bettelarme Landbevölkerung zu gängeln, die in abhängiger Lohnarbeit Seidenbändel herstellte, und wollte fortan ein eigener Kanton sein. Das ging nicht ohne Gewalt und Blutvergießen ab, und am Ende sagte die Eidgenossenschaft, okay, dann seid ihr halt jetzt zwei Kantone, aber mehr als eine Stimme bekommt ihr trotzdem nicht, sonst würde bei uns alles durcheinanderkommen. Geteilt wurde auch das Kantonsvermögen, zu dem zum Beispiel der Basler Münsterschatz gehörte, und zwar nicht fifty-fifty, sondern gemäß der Bevölkerungsanzahl. Das ist nun schon ein Weilchen her, scheint aber eine Art generationsübergreifendes Trauma zu sein, das zumindest teilweise die große Liebe der Stadt-Basler zu sich selbst erklärt. Manche sprechen sogar vom eigensinnigen Rückzug hinter die Stadtmauern, was heute nur noch rein virtuell möglich ist, hat man sie doch ab Mitte des 19. Jahrhunderts bis auf wenige Reste wie das Spalentor abgerissen, weil die wachsende Bevölkerung infolge der industriellen Revolution die alte Stadtgrenze sprengte. Man müsse sich das mal bewusst machen, Basel sei nur einmal zerstört worden und seither nie wieder, sagt Helen, das war 1356 infolge des verheerenden Erdbebens, kein Umsturz, kein Krieg, der Dreißigjährige nicht und auch keiner der zwei Weltkriege, habe das Stadtbild seitdem verändert. Für jedes neue Gebäude, das man hier errichten wolle, müsse etwas Altes weichen. Das Bewusstsein für die historische Bausubstanz, die schönen Großbasler Gassen zum Beispiel oder das Kleinbasler Rheinufer, sei erst in den Siebzigerjahren des vergangenen Jahrhunderts entstanden. Zum Glück gebe es in der Schweiz Abstimmungen. Die hätten damals das Schlimmste verhindert.

Basel-Stadt ist der kleinste Kanton der Schweiz. Die irreführende Bezeichnung Halbkanton gibt es schon seit über zwanzig Jahren offiziell nicht mehr. In der Praxis allerdings kann man überhaupt nicht erkennen, wo Basel-Stadt endet und

Basel-Land beginnt. Stadt und Vorstadtgemeinden sind siedlungs- und verkehrstechnisch komplett miteinander verwoben. Steigt man in Basel auf einen hohen Turm und schaut hinunter, verschwimmen die Grenzen nach Süden hin genauso wie die nach Norden. Es sei denn, man weiß, wie hart das gut sichtbare St.-Jakob-Stadion des FC Basel an der Kantonsgrenze steht.

Dass sich die Liebe eines Menschen in einem Bauwerk ausdrücken kann, wissen wir spätestens seit der Errichtung des Taj Mahals in Indien, mit dem der Großmogul seiner verstorbenen Frau ein Denkmal setzte, das heute als eines der neuen sieben Weltwunder gehandelt wird, zumindest wenn es nach den Initiatoren der globalen Abstimmung geht, die vor einigen Jahren die alte Liste der Weltwunder für revisionsbedürftig ansahen und eine entsprechende Kampagne lancierten. Ins Leben gerufen hatte diese weltweite Volksabstimmung übrigens ein Schweizer.

Auch die Liebe zu einem Ort kann sich baulich manifestieren. Dem Verdacht, ein Architekturbüro aus Basel würde sich in der eigenen Stadt verwirklichen oder gar ein Denkmal setzen wollen, kann man locker entgegenhalten, dass die das gar nicht nötig hätten, und auf die weltwunderartigen Bauten verweisen, die von ebenjenen Architekten bereits an viel bekannteren Orten verwirklicht worden sind, etwa in Peking, London oder Hamburg. Die Sorge der weltbekannten Architekten gilt, wenn man sehr glaubwürdigen Quellen folgt, tatsächlich ihrer Heimatstadt. Auch wenn in den klassischen und zeitgenössischen Sorgetheorien der Liebe kein Konsens darüber besteht, ob Sorge als bloß notwendiges oder doch auch hinreichendes Element von Liebe zu verstehen ist, besteht weitgehend Einigkeit über die grundsätzliche Bedeutung der Sorge für die Liebe. An der Liebe der erwähnten Architekten zu Basel besteht kein Zweifel, kümmern sie doch nicht nur um weithin sichtbare Landmarken, sondern auch um Umbauten wie den des Casinos, die eher im Verborgenen ablaufen, zumindest auf den ersten Blick. Betritt man die renovierten Räumlichkeiten, das Foyer, den Konzertsaal, stellt sich derselbe Effekt ein, den man vermutlich hat, wenn man hinter die schlichten Fassaden der Bürgerhäuser im St.-Alban-Quartier schaut, die keine Namen, sondern nur Initialen auf den Klingelschildern tragen. Aus der Dalbe stammen die erwähnten Architekten nicht, herkunftsmäßig sind sie Kleinbasler, in Sicht- oder Hörweite des Landhof-Stadions aufgewachsen, was wiederum die Liebe zum FC Basel erklären dürfte, der dort an historischer Spielstätte zum ersten Mal Schweizer Meister wurde.

Die Liebe der Basler zu Basel ist echt. Das kann man spüren, wenn sie über ihre Stadt sprechen, über das Stadtbild, die Geschichte, die Kultur, den Rhein. Die Liebe zu Basel als Lokalpatriotismus zu bezeichnen, würde viel zu kurz greifen, ist sie doch ein identitätsstiftendes Narrativ von besonderer Intensität.

Während ich auf dem tipptopp gepflegten Rasen des Landhofs stehe, der heute hauptsächlich als Tummelplatz für Kinder und Jugendliche dient, eine hinter hohen Hecken versteckte Oase mitten im Wettsteinquartier, im Rücken die alte Tribüne, die einst gesponsort von einer Schokoladenfabrik für die vielleicht viertausend Zuschauer des ersten Länderspiels der Schweiz gegen Deutschland erbaut wurde (Ergebnis 5:3), und die weißen Türme betrachte, die hier freundlich über die grüne Wand grüßen, kommt mir wieder Helens schwebende, schillernde Frage in den Sinn. Liebe ich Basel? Die Frage scheint leicht und ist doch irgendwie gespannt, als könne sie jederzeit zerplatzen. Sorge drückt sich darin aus, etwa so, wie man sich um einen engen Freund sorgt oder ein Familienmitglied, das man vor lieblosen Beurteilungen oder übler Nachrede bewahren will. Man darf schon über Basel spotten, aber liebevoll. Und eigentlich auch nur, wenn man selbst dazugehört.

Störung

»S isch verruckt«, sagt die eine Dame zur anderen. »S isch ganz verruckt!«

»Ganz verruckt isch des«, sagt die andere.

Sie stehen mit dem Rücken zu mir und schauen durch die hohen Scheiben. Es ist dämmrig im Kreuzgang, auf den Sandsteinboden malt die sinkende Sonne goldene gotische Fenster. Im Rücken der Damen steht ein Tisch, ein Markttisch mit Äpfeln, Birnen und Zwetschgen, Kürbisse auch und Sonnenblumen, ein Herbsttisch. Erntedank vielleicht. Segne, was du uns bescheret hast. Der Moment der Reife ist in Bronze festgehalten, in alle Ewigkeit. Amen. Die Damen haben keinen Blick dafür. Nur für den Rhein im rötlichen Abendlicht und die Kleinbasler Skyline mit den weißen Doppeltürmen. Sie gehen. Ihr Kopfschütteln lassen sie da. Verrückt.

Unter dem zweiten Bronzetisch im Kreuzgang steht eine Trommel, die niemand spielen kann, darauf ein Mantel und eine Totenmaske. Der Tisch ist leer. Was bleibt von einer Melodie, wenn sie verklungen ist? Von Worten, die gesagt wurden? Kann man sie einfach zurücknehmen, wie es einem passt?

Sie habe die absolute künstlerische Freiheit, sagte der Geist der Chemie, sichtlich gezeichnet von den Vorgängen dieser einen Nacht im November und der Tage, die darauf folgten. Das waren seine Worte, und Mnemosyne, die Bildhauerin, nahm ihn beim Wort. Sie bat sich Zeit aus. Sie betrachtete die Tische, die sie für den Marktplatzbrunnen vor dem Rathaus geschaffen hatte, den mit dem Obst und Gemüse, der das Leben feierte, und den mit den Ordnern und Unterlagen, der die Demokratie feierte. Agora, hieß ihr Werk, womit sie das gesellschaftliche und politische Herz der Stadt ehren wollte. Und als ein Jahr vergangen war, fegte sie alles vom politischen Tisch, was nicht mehr von Bedeutung war. Nur das Datum dieser Nacht kam auf den Tisch, 1. November 1986.

Da erschrak der Geist der Chemie. Er wolle das Datum nicht auf dem von ihm bestellten Kunstwerk haben. Er, der Geist der Chemie, habe die Aufgabe, Reichtum zu schaffen und gute Produkte, aber nicht zu politisieren. Mnemosynes Werk in seiner jetzigen Form sei ein Unglück. Zu einem Mahnmal bestehe kein Anlass.

Einen Brunnen hatte er bei Mnemosyne in Auftrag gegeben, ein Geschenk für die Stadt zu seinem hundertsten Geburtstag. Ein Jahrhundert der segensreichen Bescherungen. Aber dann war diese unglücklichen Novembernacht gekommen. Die Bevölkerung, der das Geschenk als Ausdruck der Verbundenheit zugedacht gewesen war, wurde mit Sirenen aus dem Schlaf gerissen und aufgefordert, die Fenster geschlossen zu halten, nicht nach draußen zu gehen und das Radio einzuschalten, nur wenige Monate, nachdem eine Atomwolke über Europa gezogen war, was man nie für möglich gehalten hatte. Die Radiomeldungen wurden halbstündlich korrigiert, und der Gestank drang überall durch die Ritzen trotz der geschlossenen Fenster, durch die man, bei ungünstiger Wohnlage, die Flammen in den Himmel schlagen sehen konnte, und man fragte sich, was das wohl sei, was da eindringe, so sehr wie es stänke, und ob man das einatmen solle, aber was blieb einem übrig? Wenn die Chemie stinkt, geht's uns gut. So hatte es immer geheißen. Und als es hell wurde, hieß es Entwarnung und dass die Kinder nun doch in die Schule gehen sollten, nein, müssten, das sei ihre Pflicht. Und die pflichtbewussten unter den Kindern gingen mit feuchten Taschentüchern vor dem Gesicht hinaus und sahen den roten Fluss und fürchteten sich.

Die Bilder aus Basel überschwemmten die Nachrichten weltweit: die lodernde »Schweizerhalle«, ein Areal des Chemieunternehmens Sandoz, in der sich eine Ladung Berlinblau entzündet hatte, der vom Löschwasser verfärbte Fluss, die silbernen Bäuche der Fische noch vierhundert Kilometer rheinabwärts. Den Geist der Chemie nannten sie einen Brunnenvergifter.

Nach einem Jahr aber war viel Wasser den Rhein hinuntergeflossen. Die *Helvetia*, eine Tochter der Mnemosyne, hatte dem Wasser nachgesehen, auch dem roten, das nicht giftig war, und dem giftigen, das man nicht sehen konnte. Der Fluss habe wieder Badequalität erreicht, hieß es, und keine toten Fische störten mehr das Vergnügen. Wozu ein Mahnmal? In aller Öffentlichkeit. Wo käme man da hin?

Mnemosyne protestierte. Sie sei die Göttin der Erinnerung und des Gedächtnisses, und nichts anderes sei möglich. Doch der Geist der Chemie wollte von alldem nichts mehr wissen und beschloss, der Stadt statt des Brunnens eine nackte Frau zu schenken, die die Hände hinter dem Rücken stillhält, gemalt von einem Mann. Man sei der Meinung, dass auch ein Bild im Museum als Geschenk der Gemeinschaft diene. Mnemosyne blieb auf ihren Tischen sitzen. Später kamen sie ins Kirchenasyl. »Im Chrüzgang hinterm Münsterplatz«. Vergänglichkeit und Kirche, das geht auf. Stört nicht weiter.

Ich fahre mit dem Finger die Zeichen auf der Tischplatte nach. Neben dem vermaledeiten Datum trägt der zweite Tisch auch Hebels Gedicht *Die Vergänglichkeit*. »Wie goht's de Lüte denn, wenn alles brennt und brennt«? Buchstabe für Buchstabe mit den Händen aus Wachs geformt. Versalienschrift. Man braucht Geduld, um alles zu entziffern.

Konsens ist, wenn alle ein bisschen was von dem bekommen, was sie wollen, und wenn man für jeden Einwand ein Aber aus dem Brunnen des reinen Gewissens schöpfen kann. »Nai, was de saisch!«

Frauenfragen

Am letzten ungewöhnlich heißen Tag eines ungewöhnlichen Herbstes lassen wir beide die Beine über die Brüstung baumeln, die *Helvetia* und ich. Die Bäume der Rheinpromenade tragen noch volle Kronen, und fünf Meter unter uns tragen die Frauen Bikinis. Wie im Juni. Der einzige Unterschied ist das Licht, das jetzt weicher ist als im Sommer. Und der Maroni-Mann war vor vier Monaten auch noch nicht da.

»Was heißt schon ›ungewöhnlich‹? Meist dauert es nicht lange, bis die Menschen eine Ungeheuerlichkeit als unabänderlich, wie als naturgegeben hinnehmen«, sagst du. »Das war schon immer so.«

»Woher weiß du das?«, frage ich in deinen unbeweglichen Rücken. Es ist ein wenig seltsam, sich mit jemandem zu unterhalten, der sich einem nicht zuwendet.

»Ich war schon immer hier.«

»Das kann nicht sein.«

»Seit ich denken kann, sitze ich auf dieser Brüstung.«

»Kannst du dich nicht erinnern, wie du hierhergekommen bist?« Ich spiele mit dem Gedanken, dir zu erzählen, was Bettina mir erzählt hat. Sind wir nicht alle begierig darauf, zu erfahren, wo wir herkommen und wer wir sind? Vielleicht würdest du dich dann zu mir umdrehen.

»Ich erinnere mich, an eine Grenze gekommen zu sein. Ich war müde. So müde. Als wäre ich gerade aus einem Traum erwacht. Meine Arme waren lahm vom Schleppen, und meine

Füße schmerzten. Der Mantel lastete wie eine schwere Pflicht auf meinen Schultern. Und dieser Kranz! Nur einen Moment, dachte ich. Ich will mich einen Moment ausruhen, bis ich zu mir gekommen bin. Ich stellte also meinen Koffer auf die Seite, legte alles ab, was sie mir mitgegeben hatten, Umhang, Speer und Schild, und kletterte hinauf auf die Brüstung.«

Hier würde sie nicht speziell stören, sagte die Dame von der Kunstkreditkommission bei der Einweihung der Skulptur 1980. Sie füge sich nahtlos in die Umgebung der Mittleren Brücke mit ihrem harmlosen Historismus ein. Mimese macht unsichtbar. In den Siebziger- und Achtzigerjahren sei das eine unglaubliche Frechheit gewesen, mit realistischen Mittel zu arbeiten, erzählt mir Bettina Eichin, die Bildhauerin. Es sei die Zeit der großen Abstraktionen gewesen, Kunst durfte keine Botschaft enthalten. Sentimental. Das war das Killerwort. In der Literaturwelt gebe es solche Killerwörter auch, werfe ich ein. Beispielsweise »Frauenliteratur«. Texte von Frauen für Frauen. Gefühlig. Texte von Männern, die über Gefühle schreiben, nenne man Weltliteratur.

Die Frauen hätten die *Helvetia* sofort für sich in Anspruch genommen, sagt Bettina, und man hört die Freude in ihrer Stimme. Die Frau mit dem gepackten Koffer, die sich aus ihrer starren Umgebung befreit, in die sie die Männer mit ihren Erwartungen und nach ihren Vorstellungen hineingeprägt hatten, traf einen Nerv.

Es sind schon lange nicht mehr nur die Frauen, die die *Helvetia auf der Reise* für sich in Anspruch nehmen. Die Terrasse über dem Rhein auf der Kleinbasler Seite ist so etwas wie das schwarze Brett des öffentlichen Protests in Basel geworden. Frauenbewegung, Anti-Atomkraft-Bewegung, die Brandkatastrophe in der Schweizerhalle, der Irakkrieg, der Überfall auf die Ukraine. Wenn Politisches sie in Bewegung setzt, kommen die Baslerinnen und Basler hierher, halten Mahnwache, hinterlassen Flugblätter, Fahnen, Kerzen, Blumen. Aber nicht immer gehe es um schwere Themen, sagt Bettina. Manchmal würden sie die Figur auch einfach nur einkleiden, in Vereinsfarben zum Beispiel oder der Jahreszeit entsprechend mit Schal und Mütze oder Sonnenhut.

An diesem Herbsttag ist die Terrasse übersät mit Teelichtern, Grablichtern. Ein Plakat zieht tonnenschwere Vergleiche. Jemand hat Bilder von entführten Israelis auf den Boden geklebt. Urlaubsbilder, Schnappschüsse. Es sind dieselben Fotos, die seit Tagen die sozialen Medien fluten. Er habe in Basel den Judenstaat gegründet, schrieb Theodor Herzl nach dem ersten Zionistenkongress in sein Tagebuch. Das war kurz vor der Wende zum 20. Jahrhundert, lange vor dem Holocaust. Obwohl die Stadt eher zufällig als Tagungsort bestimmt wurde, sieht sie sich seither als Geburtsstätte des Staates Israel. Ein berühmtes Foto zeigt Herzl, der als Hauptbegründer des politischen Zionismus gilt, auf dem Balkon des Dreikönig, dem Grandhotel am anderen Ende der Mittleren Brücke. Ein bärtiger Mann, der tief in Gedanken über den Rhein schaut. Von da, wo ich und *Helvetia* sitzen, könnten wir ihm zuwinken.

Nachdenklichkeit und Müdigkeit sind zwei Eigenschaften, die an Frauen früher nicht besonders geschätzt worden seien, sagt Bettina mit leiser Ironie. Wer müde ist, ist nicht verfügbar. Der funktioniert nicht. Und wer sich eine Auszeit nimmt, um nachzudenken, läuft leicht Gefahr, zu dem Schluss zu kommen, dass diese Nichtverfügbarkeit und das Nichtfunktionieren ganz in Ordnung sein könnten. Im Zeitalter des kollektiven Burn-outs kennen nicht nur Frauen dieses Gefühl.

»Was siehst du von deiner Warte aus?«, frage ich.

»Nichts. Ich sehe nur den Rhein. Schwimmer, Schwäne, Boote, Lastkähne. Aber das Wasser erzählt mir alles. Und die Menschen, die sich hinter meinem Rücken unterhalten.«

Anfangs hätten die Herren von der Sandoz gerne die Rheinterrasse besucht, um Gästen und Geschäftspartnern aus der ganzen Welt die Schönheit der Stadt und die *Helvetia* zu zeigen, erzählt Bettina. So etwas Schönes wie die *Helvetia* hätten sie sich vorgestellt, als sie die Künstlerin beauftragten, das Brunnengeschenk für die Stadt zu schaffen. Markttische. Aber doch kein Mahnmal. Kunst sollte den öffentlichen Raum verschönern. Bettina spricht von Möblierung. Der Marktplatz hat übrigens bis heute keinen neuen Brunnen bekommen. Es gibt dort nur einen schlichten Trog aus den Dreißigerjahren, der den Ausstellern als Wasserquelle dient.

»Ich erinnere mich an diese Herren«, sagst du. »Die sind schon lange nicht mehr hier gewesen.«

»Sie sind nicht die Einzigen, die dich missverstanden haben«, sage ich.

»Das ist mir egal. Man sieht nur, was man kennt.«

»Sauglattismus«, sagt Bettina. Ob ich den Ausdruck verstünde? Das sei ja ein richtiger Spaß, habe ein Künstlerkollege über ihren Entwurf geurteilt. Eine Helvetia, die aus ihrer Münze steigt, weil sie keine Lust mehr hat. Ein lustiger Affront. Eine Art neuer Lällenkönig. Erst nicke ich. Sauglatt, klar, kenne ich. Der Schwabe verwendet das auch, mit einem breiten Lächeln und wohligem Gefühl. Und dann schaue ich den Begriff doch nach. Negativ konnotiert. Eine oberflächliche, bedeutungslose Sache, reduziert auf Unterhaltungswert. Entwertung. Eine bittere Wahrheit ins Lächerliche zu ziehen, ist eine beliebte Abwehrstrategie. Sie habe nicht daran geglaubt, dass ihr Wettbewerbsentwurf eine Chance hätte, erzählt Bettina. Es sei ihr nur darum gegangen, ihre Idee publik zu machen, aus der Allegorie den lebendigen Menschen, die Frau herauszuschälen. Eine Frau, die sich aller Attribute entledigt und sich der ihr zugedachten Rolle verweigert. Dekonstruktion eines Mythos. Frauenfrage.

»Ich kenne viele müde Frauen«, sage ich auf unserer Brüstung. Und dann könnte ich noch hinzufügen, dass die Basler Soziologin Franziska Schutzbach darüber ein Buch geschrieben hat, aber du antwortest nicht. Ende des Gesprächs? Nicht leicht herauszufinden, wenn man die Mimik der anderen nicht sieht. Aber man kommt nicht richtig an dich heran. Schon allein physisch nicht. Selbst wenn man zu dir auf die Brüstung klettern würde, man würde sich nur in Lebensgefahr begeben. Bei einem Absturz würde man auf die Rheinpromenade knallen, nicht etwa im Wasser landen. »Lasst mich doch alle in Ruhe!« Das ist es, was aus jeder Rückenfalte deines Bronzekleides spricht. Ich beschließe, dein Bedürfnis nach Ruhe zu achten, und rutsche von der Mauer.

Drei kleine Jungen stürmen die Terrasse. Sie sprechen eine Sprache, die ich nicht verstehe. Einer will den Speer von der Brüstung nehmen. Er müht sich, gibt nicht auf, wie ein kleiner Ritter, der versucht, ein verzaubertes Schwert aus einem Stein zu ziehen. Erst beißt er die Zähne zusammen, dann schreit er. Schließlich tritt er auf das bronzene Schild mit dem Schweizerkreuz ein. Die anderen lachen ihn aus. Der Vater der drei geht in die Knie, liest die Worte unter den aufgeklebten Fotos. Dann ruft er die Kinder zur Ordnung.

Ich gehe hinunter zum Rhein, durch die herbstlichen Sonnenanbeter hindurch, drehe mich noch mal nach dir um. Ich mache ein Foto mit dem Handy und zoome heran. Deine Gesichtszüge sind idealisiert, wie dafür gemacht, ein Spiegel zu sein für jeden, der sich darin erkennen will. Dein Kranz, den du noch in der Hand hältst, ist gar kein Lorbeerkranz, kein Siegeszeichen. Es ist ein Kranz aus Alpenrosen. Schön, aber giftig. Auf den alten Prägestempeln für die Ein- und Zweifrankenmünze und das Fünfzigrappenstück trägst du den auf dem Kopf. Später, als man neue Stempel schneiden musste, weil die Anzahl der Sterne, die dich umgeben, nicht mehr mit der Anzahl Kantone übereinstimmte, hat man sich wohl nicht mehr daran erinnert und aus dir eine Laureatin gemacht.

Mengenlehre

Eine der beliebtesten Fortbewegungsmethoden in Basel ist, wenn man sich nicht gerade im Rhein treiben lässt, das Radfahren, exakter das Velofahren, von latinisiert Veloziped, was ungefähr bedeutet: mit den Füßen schnell sein, kurz: strampeln. Studierende der Universität oder der diversen Hochschulen machen es genauso wie der Daig-Mensch oder der bestbezahlte Manager der Schweiz. Es ist eine regelrechte Volksbewegung. Wer strampelt, kommt in Basel überallhin. Und wer zwischendurch die Orientierung verliert, dem helfen tausend rote Wegweiser wieder auf den rechten Pfad.

Auch eine der wohl berühmtesten Radstrecken führt durch Basel. Sie beginnt am Novartis-Campus und geht recht schnurgerade nach Süden bis nach Bottmingen. Es ist nicht unbedingt die herausragende landschaftliche Schönheit, die sie bekannt gemacht hat, auch sucht man vergeblich nach Rekordangaben wie die längste, die steilste, die schnellste. Sie ist auch nicht die älteste oder erste Radstrecke der Welt, der Schweiz oder der Stadt und auch nicht die erste oder einzige, die Basel-Stadt mit einer basellandschaftlichen Gemeinde verbindet. Egal, wie eng man den Bezugsrahmen zieht, es wird kein Rekord daraus. Genau genommen ist es gar keine Radstrecke, sondern nur eine Strecke, die jemand mit dem Rad zurückgelegt hat. Und das nicht mal freiwillig. Wenn es nach ihm gegangen wäre, hätte Albert Hofmann lieber ein Auto genommen, um an diesem Apriltag nach Hause zu kommen.

Am besten wäre es gewesen, jemand hätte ihn chauffiert, aber es stand kein motorisiertes Fahrzeug zur Verfügung. Es herrschte der totale Krieg, und nur wenige hundert Meter hinter Alberts Labor saßen deutsche Besatzer im Elsass. Auch die neutrale Schweiz, im Klammergriff Nazi-Deutschlands und des faschistischen Italiens, hatte auf Kriegswirtschaft umgestellt. Benzin war knapp, der private Autoverkehr eingeschränkt. Also mit dem Velo nach Bottmingen.

Dass man von der Novartis aus linksrheinisch in die andere Richtung, nach Norden, radeln kann, ist noch gar nicht so lange her, da mussten erst ein paar stadtplanerische, triregionale Dinge zusammenkommen, die man in der Presse nachlesen kann, wenn man möchte. Heute geht es auf einem blitzblanken neuen Radweg am Riesenspielzeug-Bauchkasten des Firmen-Campus vorbei und dann an einer enormen Brache entlang. Altlastengebiet. Da ist man schon in Frankreich, ohne dass man den Grenzübertritt wahrgenommen hätte. Sachliche Hinweisplakate zieren den Zaun, von einer kompetenten Kommunikationsabteilung in einfacher Sprache verfasst und durch hinreichend interne Vernehmlassungsprozesse abgesichert, ob sie in vertrauenerweckender Helvetica-Schrift gedruckt sind, kann ich im Vorbeifahren nicht erkennen. Wahrscheinlich irgendeine firmeneigene Abart davon. Ich mache mir nicht die Mühe, abzusteigen und zu lesen. Kann mir schon denken, was da steht: War nicht gut, aber war halt so damals, woanders ja auch, wusste doch keiner, wir machen alles, was wir können, gestern, heute, morgen, Verantwortung, Standards, alles wird gut, Amen. Die chemische Industrie hat in den letzten hundertdreißig Jahren nicht nur Wohlstand an ihre Umgebung abgegeben. Zu Risiken und Nebenwirkungen. Und ja, nicht alles, was man in der ersten Euphorie für das all selig machende Mittel hält, weil es eine Wirksamkeit und Wirkung entfaltet, mit der man nie gerechnet hätte, erweist sich am Ende als reiner Segen.

Vor langer Zeit beherbergte Basel einen »Doktor beider Arzneien«, der sich mit diesem Prinzip beschäftigte. Man hatte ihm sogar erlaubt, an der Universität Vorlesungen zu halten. Nein, nicht Nietzsche, der sonst immer für alles herhalten muss, was man hier nicht Erasmus oder wenigstens Hermann Hesse unterschieben kann. Sondern ein Zeitgenosse von Erasmus und temporäres Mitglied im illustren Freundeskreis des Johannes Froben namens Theophrastus Bombastus. »No jokes with names«, sagt ein befreundeter Kabarettist immer, bevor er dann doch dankbar die Steilvorlage nutzt, mit der die Eltern oder der Zufall manchen Zeitgenossen geschlagen haben. Theophrastus Bombastus könnte jedenfalls leicht für eine Witzfigur in einem Monty-Python-Film gehalten werden, was der vor fünfhundert Jahren Lebende nicht wissen konnte und was deshalb leider schlecht als Erklärung für die Änderung seines Taufnamens herhalten kann, falls man das überhaupt erklären muss, denn zu der Zeit war es in Gelehrtenkreisen gar nicht unüblich, sich einen neuen Namen zu geben, der besser ausdrückte, wer man geworden war, als das die Eltern je hätten ahnen können. Erasmus hieß ja auch nicht von Geburt an so, wie wir wissen. Berühmt geworden ist der Mann, den sie in Basel sogar zum Stadtarzt berufen hatten, bevor sie ihn dann nur ein Jahr später wieder zum Teufel jagten, unter dem Namen Paracelsus. Sie wissen schon: Die Menge macht das Gift. Ein Zitat, das mein Schwiegervater durchaus auch mal Goethe zuordnen würde, so wie er es mit allen Zitaten tut, bei denen er sich nicht ganz sicher ist, von wem sie stammen. Seine Trefferquote ist erstaunlich hoch. Und Goethe mit Paracelsus in Verbindung zu bringen ist gar nicht mal so weit hergeholt, man schaue sich nur den Faust in seiner Studierstube an. Genau genommen lautet Paracelsus' Satz: »Alle Dinge sind Gift, und nichts ist ohne Gift; allein die Dosis macht, dass ein Ding kein Gift sei.« Jedenfalls gilt Paracelsus ungeachtet des nach wie vor recht alchemistischen Über- und Unterbaus seiner Lehre als Bombastus oder *Godfather of*

Toxicology. Und die Sache mit der Menge, die darüber entscheidet, ob mir ein Produkt der chemisch-pharmazeutischen Industrie guttut oder mich umbringt, was auch davon abhängt, welche Art Wesen ich bin – als Mensch bin ich heutzutage verhältnismäßig sicher, als Insekt, für das landwirtschaftliche Monokulturen reich gedeckte Tische darstellen, weniger –, die Sache mit der Menge also ist überhaupt das Grundprinzip der Nutzbarkeitsmachung chemischer Substanzen. In der Brache zwischen Novartis und Huningue steckt immer noch eine gewaltige, wenig gesunde Dosis.

Eine gewaltige Dosis hatte sich auch Albert Hofmann damals am 19. April 1943 verabreicht, bevor er, eskortiert von seiner Laborassistentin Susi, das Velo bestieg. Wie Albert den ersten bewusst herbeigeführten Trip der Menschheit mit künstlich hergestelltem Lysergsäurediethylamid, kurz LSD, erlebte, ist dokumentiert. Als Wissenschaftler protokollierte er seinen Selbstversuch akribisch, und er hat sein langes Leben lang immer wieder davon berichtet, in Vorträgen, in Büchern. Und Susi?

Dass so wenig Frauen Geschichte geschrieben haben, liegt nicht unbedingt daran, dass keine Frauen dabei waren, wenn Geschichte geschrieben wurde, es liegt an den Geschichtsschreibern und an deren Blick auf die Welt. In seinem Protokoll vermerkt Albert Susis Namen, in seinem berühmtesten Buch *LSD – mein Sorgenkind* nicht. Dort heißt sie nur »meine Laborantin«, immerhin in der weiblichen Form, die in der englischen Übersetzung unkenntlich wird, »my laboratory assistant«, heißt es da, später »my companion«.

Es wäre Unsinn, Susi im Nachhinein zur Heldin machen zu wollen. Fast gedankenlos schreibe ich diesen Satz. Und zögere. Ohne Susi wäre Albert Hofmann, der *Godfather of Psychodelics*, damals weder auf sein Velo noch nach Hause gekommen. Die Welt, durch die er strampelte, war für ihn viele Stunden lang vollkommen aus den Fugen geraten.

Das eine oder andere weiß man von Susi. Wie sie sich gekümmert hat zum Beispiel. Wie Frauen das so machen. Der delirierende, halluzinierende Mann lag auf dem Sofa, nicht in der Lage, einen zusammenhängenden Satz herauszubekommen. Dass er mitunter glaubte, er werde sterben, wissen wir, weil er es später erzählt hat, was sie in dem Moment glaubte oder fürchtete, wissen wir nicht. Der herbeigerufene Arzt konnte jedenfalls nichts Lebensbedrohliches am Zustand ihres Chefs erkennen. Weniger rollenkonform und vielleicht näher an der realen Susi ist die Tatsache, dass sie die erste Frau war, die LSD probierte. Und nicht nur das, sie war auch die jüngste Person und diejenige, die von allen im Labor nach Albert die höchste Dosis nahm, obwohl sie seinem Horrortrip beigewohnt hatte. Im Interesse der Wissenschaft. Oder weil sie vielleicht einfach wahnsinnig neugierig, experimentierfreudig und unerschrocken war. Sicher ist: Sie war die einzige Frau im Labor. Und mit Sicherheit hat sie ihre Erfahrungen ihrem Chef ebenso detailliert geschildert wie der seine eigenen in seinem Buch. Nur hat das niemand aufgeschrieben. Verbrieft ist lediglich, dass sie danach mit der Tram nach Hause gefahren ist und ihr die Nase des Schaffners ungewöhnlich lang und die Gesichter das anderen Passagiere seltsam verzerrt vorkamen. Was sie sonst dachte und fühlte, wissen wir nicht. Bald nach ihrem letzten LDS-Trip verschwand Susi Ramstein von der Bühne der Weltgeschichte. Sie wurde aus dem Labor in den Hafen der Ehe entlassen.

In solchen Fällen kann die Literatur die Leerstellen füllen, die der Zeitgeist der jeweiligen Epoche gelassen hat: Eine junge Laborantin der Sandoz-Arzneimittelwerke in Basel nimmt im Frühjahr 1943 zum ersten Mal LSD. Mit einem solchen Kapitel, aus Sicht der Laborantin geschrieben, der man alles in den Mund legen könnte, weil ja keiner mehr weiß, wie ihr inneres Erleben gewesen ist, könnte man einen Roman eröffnen, zum Beispiel einen, in dem es um psychedelische

Substanzen geht. Man könnte eine ganz neue Perspektive auf die längst auserzählte Geschichte des *Bicycle Day* gewinnen, ein alter Schachzug aus der tiefen Trickkiste des *Creative Writing*.

Ach so, der *Bicycle Day*, der auch Namensgeber für die Fahrradroute nach Bottingen ist, wurde von wem erfunden? Von einem Amerikaner. Hofmanns Buch erschien 1980 in Amerika (man kann die englische Erstausgabe heute noch antiquarisch kaufen, mit Autogramm, für 2500 Dollar), und fünf Jahre später rief ein amerikanischer Psychologieprofessor den ersten *Bicycle Day* aus, zur Feier des Tages, der sich bald schon zu einem popkulturellen Ereignis auswuchs, etwa so wie der *Bloomsday*, an dem die Joyce-Jünger auf Odyssee durch Dublin gehen, angeblich um ein Buch zu feiern, das die meisten nie gelesen haben, wobei sie alsbald in einem literarisch wertvollen Pub stranden und dem Bier- oder Whiskeyzauber der dort hausenden Kirke erliegen.

Zurück zur Romanidee. Leider gibt's das Buch schon. Von T. C. Boyle geschrieben. Zu dumm. Da hat doch glatt ein amerikanischer Großschriftsteller einem Basler Autor oder einer Autorin das Thema weggeschnappt! Kulturelle Aneignung, flüstert der Zeitgeist in mein Ohr. Ich reiche ihm ein bunt bedrucktes Papierchen und sage: »Leck mal.« Über die verpasste Chance tröstet auch nicht hinweg, dass ein Rezensent das Buch verrissen hat. Für die Rauschzustände, die Entgrenzungsfantasien, die Horrortrips und Extremausschläge der Droge finde der Autor eine angesichts seiner Versiertheit erstaunlich matte, leblose und assoziationsarme Sprache. Unter anderem Picasso als Gewährsmann für die Auflösung von Formen anzuführen, sei nun auch kein sonderlich origineller Einfall. Wobei hier wiederum der Rezensent irren mag, dem vielleicht nicht bewusst war, wie sehr Picasso in Basel in der Luft liegt. Auf Picasso hätte auch ein Einheimischer kommen können, nur hätte der seinen Roman dann wahrscheinlich nicht *Das Licht* genannt, sondern vielleicht *Die Farben*, weil das viel besser in den lokalen Kontext gepasst hätte. Seidenbändelfärberei, Berlinblau, Rheinrot, Geflirre und Geflatter und fliegende Fische. Wenn das keine zündende Idee ist! Zu spät. Egal.

Nüchtern betrachtet oder mit erfrischten Sinnen und in Allharmonie mit der Welt und dem Universum, wie Albert seinen Zustand nach seinem ersten Trip beschrieb, kann man Boyle keinen Vorwurf machen. Als er sich anschickte, seinen Roman zu verfassen, war LSD schon längst amerikanisches Kulturgut geworden: Hippies und Woodstock und Professor Leary und die Merry Pranksters und MKUltra und Trallala – aber das ist eine andere Geschichte. *Bicycle Day Reloaded* lautet der vollständige Name der Radtour vom Novartis-Campus nach Bottmingen. Ich fahre lieber bei Huningue über die schöne neue Passerelle des Trois Pays nach Weil am Rhein – während ich leise vor mich hin summe, *Susi in the sky with diamonds …*

Zwischennutzung

»Der Pastis schmeckt drüben einfach besser«, sagt Klaus Littmann und weist mit dem Kopf aus dem Atelierfenster hinaus. Die riesigen Scheiben sind mit einem zarten Gewebe beschattet, das die Sonne abhält und doch den Blick frei lässt. Davor glitzert der Fluss. Man könnte meinen, man sei in einem New Yorker Loft, dann wäre das der Hudson. Rheinaufwärts sieht man auf der spitz zulaufenden Halbinsel, die das Basler Hafenbecken von der Wasserstraße trennt, eine überdimensionale Eisennadel, als hätte ein Riese diesen Punkt auf seiner Riesenlandkarte markiert. Rheinabwärts blickt man auf eine Bogenbrücke, die Passerelle des Trois Pays, die so elegant aussieht, wie sie klingt, und das deutsche Weil am Rhein mit dem französischen Huningue verbindet, per Velo und per pedes.

»Die Croissants auch«, sage ich, »keine Ahnung, warum.«

»Butter«, sagt Klaus, »viel mehr Butter.«

Ein Croissant ist eben kein Gipfeli, denke ich und stelle in Gedanken eine Rangliste auf, am schlechtesten schneidet das Backwerk ab, das in Freiburg unter der Bezeichnung Croissant verkauft wird, aber vielleicht besser Hörnchen heißen sollte. Vom Atelier aus sind es nur ein paar Schritte nach Frankreich und ein paar in die Schweiz. Mehr Dreiländereck geht nicht. Obwohl. Die Riesennadel befindet sich ein bisschen zu weit in der Schweiz, so wie Klaus' Atelier sich ein bisschen zu weit in Deutschland befindet, um genau am Dreiländerpunkt zu liegen. Geografisch exakt wäre der dort, wo die imaginäre

Verlängerung des Grenzzauns der Zollstation zwischen Basel und Weil am Rhein die imaginäre Linie schneidet, die den Fluss der Länge nach halbiert.

Nun denn. Eigentlich bin ich wegen des Engels gekommen. Seit er mir wieder eingefallen ist, bin ich ihm auf der Spur, und die Spur führt zu Klaus. Jetzt unterhalten wir uns über Grenzen. Vielleicht weil alles mit allem zusammenhängt und in Basel alles nah beieinander liegt. Auf dem langen Holztisch im Atelier liegt ein aufgeschlagenes Buch, die Doppelseite zeigt das temporäre Engelszimmer auf dem Münsterdach. Ich war damals recht neu in der Stadt und hatte noch kein einziges Schweizer Wohnzimmer von innen gesehen. Das des Engels war das erste, und besonders viele sind seitdem nicht dazugekommen. Ich stellte mich in die Schlange und wartete. Wartete durchs Kirchenschiff hindurch, wartete die steile Wendeltreppe hinauf, wartete auf den Lochblechstufen des Außengerüsts. Was wollen wir bloß alle hier, dachte ich, und wartete.

Manche hätten Geld auf den Tisch gelegt, auf dem der Engel kniete, einen Franken, fünf Franken, auch mal zehn, erzählt Klaus, und irgendwann seien die Briefe dazugekommen. Briefe an den Engel. Wunschbriefe. Lieber Engel, mach. Lieber Engel, gib. Lieber Engel, bring. Hoffen auf ein Wunder. Einer sei jeden Tag gekommen, ein schweigsamer Mann im beigen Trenchcoat, wohl so um die dreißig, das Alter, von dem Ingeborg Bachmann schreibt, man werde nicht aufhören, einen Menschen dieses Alters jung zu nennen. Sie hätten sich ein wenig Sorgen gemacht, ihn unter Beobachtung gestellt, wer weiß, was so einem einfällt.

Ich kann mir Klaus gut als jungen Mann vorstellen. Er gehört zu den Menschen, die jedes Alter in sich tragen. Das Engelsprojekt, aus einem Zufallsfund entstanden, ein Büchlein irgendwo in Frankfurt im Ausverkauf erworben, vielleicht in der Schirn, über den japanischen Künstler Tazro Niscino, der Räume um Dinge baut, sei für ihn wichtig gewesen. Der Basler Ritterschlag. Nach *Engel* standen ihm alle Türen in der Stadt offen, auch die zum innersten Kreis. Das bedeutet viel für einen, der zwar in Riehen aufgewachsen ist, aber die Schulzeit in Internaten in Deutschland verbracht und in Düsseldorf studiert hat. Da fehle dann die Clique, sagt er, der kindsbeinige Kollegenkreis, in den ein Basler hineinwächst und den er in der Regel nie mehr verlässt. »Kollege« ist Schweizerdeutsch für »Freund« und nicht zu verwechseln mit »Arbeitskollege«. Ich nicke und denke an Schweizer Wohnzimmer, eins, zwei, drei. Vielleicht vier. Das war's. Das heißt nicht, dass ich sonst niemals bei jemandem in Basel zu Besuch war, nur waren das dann Engländer, Amerikaner, Chinesen, Franzosen, Australier, Deutsche. Die maximale Anzahl an Kollegenfreunden, die ein Schweizer bewältigen kann, ist meist schon vor dem dreißigsten Lebensjahr erreicht. Schwer, da später reinzukommen.

Seit er vom Dreispitzareal rausgezogen sei, lebe er das Dreiland so richtig, sagt Klaus. In unter zehn Minuten vom Wohnhaus in Kleinbasel ins Atelier hinterm Zoll, zu Fuß über die Passarelle für den Pastis. Es gebe Freunde, Kollegen, die ihn hier nicht besuchten. Vierzig Meter hinter der Grenze. Ich staune. Wenn es ums Einkaufen geht, sind die Basler weit weniger grenzüberschreitungsunwillig. Das hässliche Einkaufszentrum um die Ecke ist nicht ohne Grund für die paar zigtausend Weiler reichlich überdimensioniert. Freitags oder samstags brauche er dreimal so lange ins Atelier wie sonst. Klaus grinst. Und kommt zurück aufs Thema.

Grenzüberschreitungen hätten ihn schon immer interessiert und der öffentliche Raum. Da spreche die Kunst zu den Leuten, zumindest zu denen, die sich interessierten. Die anderen würden eher angebrüllt. Auch gut. Die Stadt bespielen. Und die Stadt spielt mit. Das ist eine schöne Vorstellung. Mehr als das. In Basel ist das Realität. Vor *Engel* gab es eine regelrechte Großaktion mit dem Titel *Frontside*, den Versuch, sowohl das Stadtbild als auch das Bild der Städter von ihrer Stadt zu verändern, temporär und dauerhaft – jede Intervention hinterlässt Spuren. Zweiundzwanzig Künstler bespielten zweiundzwanzig Fassaden. *Carte blanche*. Alle Hauswände waren in Privatbesitz. Alle Besitzer hatten zugestimmt, ohne zu wissen, was kommt.

»Basel ist die Kulturhauptstadt der Schweiz«, sagt Klaus. Es klingt, als sei das sein Satz. »Ist das nicht nur eine Behauptung, ein Marketingspruch«, gebe ich zu bedenken, »etwas das sie auf die Bauzäune vor dem Rathaus drucken, damit die Touristen es mitfotografieren?« Mein Bullshit-Seismograf ist recht empfindlich, vielleicht überempfindlich. *Déformation professionelle*. Das geht nicht weg, auch nach über zehn Jahren nicht. Klaus zählt auf: mehr als vierzig Museen, darunter die älteste öffentliche Kunstsammlung der Welt, ein Kunstmuseum von Weltrang und Ausstellungen mit internationaler Ausstrahlung, die größte Kunstmesse der Welt, ein Dreispartenhaus, mehrere Orchester, ein Literaturhaus. Die Liebe zu Basel, wo das Kulturherz schlägt, beginnt eine weibliche Stimme, in meinem Kopf zu singen. Und dann kommt die alte Picasso-Geschichte auf den Tisch, aber dieses Mal interessiert sie mich.

Im Jahr 1967 malt Klaus mit Kreide. Er kniet mit rundem Rücken und zieht Linien auf die Straße, strichelt die Umrisse einer sitzenden Figur. Immer wieder steht er auf, nimmt prüfend Abstand, setzt sein Werk fort. Seine Kollegen von der Gewerbeschule tun es ihm gleich. Überall in der Stadt knien sie auf den Straßen und stricheln, junge Männer und Frauen, noch nicht mal im zwanzigsten Jahr. Sie malen Harlekins. Neben jeden Harlekin kommt ein Hut, ein Sammelhut. Die Vorübergehenden spenden, einen Franken, zwei, auch mal zehn. Ein paar Wochen später wird abgestimmt. Die Gewerbeschüler haben einen Plan ausgeheckt. Kurz vor einem Volksentscheid darf nicht mehr geworben werden, am Tag der Abstimmung schon gar nicht. Klaus steht neben dem Wahllokal, in der Hand ein Schild: Vielen Dank für ihre Stimmabgabe! Mehr nicht. Die eigentliche Botschaft ist der junge Mann selbst, dem man ansieht, wo er herkommt. Gewerbeschüler. Das ist ungefähr so wie Bauhäusler in den Zwanzigerjahren in Dessau. Nein, soll es sagen, das Basler Stimmvolk. Nein, der Parlamentsentscheid, die Picasso-Bilder zu kaufen, die als Leihgabe eines Privatmanns im Kunstmuseum hängen, der durch ein Unglück in Geldnot geraten ist und sie zu versteigern droht, soll nicht zurückgenommen werden. Die öffentliche Hand soll ihren Teil geben wie beschlossen. Den Rest haben sie privat zusammengesammelt, in Sammelhüten, auch das Umland und einige Stadtriesen haben den Inhalt ihrer imaginären Riesenhüte dazugeschüttet. Nein, sagt das Volk am Ende, und damit Ja. Ja zur Kunst. Der Rest ist Geschichte. Heute hängen nicht nur die geretteten Bilder im Kunstmuseum, sondern noch zwei weitere, die der gerührte Künstler explizit der Jugend von Basel geschenkt hat. »Das Wunder von Basel«, nennen sie es. Ein Wunder, das Berichterstattungswellen schlug bis nach New York. Wunder schweißen zusammen, Wunder prägen. Wundererzählungen geben einer Stadt ihre Identität. Wer heute an Wunder glaubt, ist fromm oder verrückt. Wer von Wundern erzählt, will etwas bewegen, verrücken, will Staunen auslösen. Irritieren. Irre ist Klaus' Lieblingswort. »Das war irre«, sagt er oft. Dann leuchten seine Augen.

Irre, denke ich später, die Sonne ist schon im Sinkflug, und ich nehme einen Schluck aus meinem Glas. Statt für einen Pastis mit dem Rad über die Passerelle zu fahren, habe ich mich für die Schweizer Rheinseite entschieden, war kurz bei der Riesennadel, die aus der Nähe betrachtet eher wie ein Überschallflugzeug aussieht, das mit der Schnauze im Boden steckt. Reisen Sie mit der Concorde von Basel direkt zum Mittelpunkt der Erde! In nur drei Stunden. Oder so. Oberhalb haben sie Sand aufgeschüttet und betreiben eine Strandbar mit allem, was dazugehört, ein paar kümmerliche Palmen, Meeresrauschen vom Band. Vielleicht rauscht der Rhein zu leise. »Hörsch nit, wie's Wasser ruuscht?« Radelt man von hier stadteinwärts, also rheinaufwärts, kommt man vorbei an den Anlegeterminals der Kreuzfahrer und Fluss-Wikinger, vorbei am Rheinhafen, der bedeutender ist als es auf den ersten Blick scheint, weil er quasi als Speiseröhre und Darm der eidgenossenschaftlichen Wirtschaft fungiert, vorbei an einem Speichergebäude, das sich vielleicht als Basis für die neue Rheinphilharmonie eignen würde. Rheinphi! Der Stadt fehlt noch ein ambitionierter Konzertsaal. Das wissen die Basler nur noch nicht. Und man müsste halt einen Architekten dafür finden. Und dann kommt man in ein Zwischenreich, das Klybeck-Areal, eine weitläufige Industriebrache mit intensiver Zwischennutzung. Bald schon sollen hier Hochhäuser aus dem Boden wachsen, als stadtplanerisches Gegengewicht zu den weißen Türmen vielleicht. Natürlich gibt es Streit. Buntes Volk hat sich hier niedergelassen, Künstlervolk und Lebenskünstler.

Die Königin von Klybeck heißt Gannet und hat irische Wurzeln. Dass sie feuerrot ist, hat damit nichts zu tun. Sie ist ein Feuerschiff. Auf dem Trockenen. Mir gefällt der Gedanke, dass auch hier Riesen zuständig gewesen sein müssen, um das schwimmende Leuchtfeuer a. D. – nach seiner Fahrt übers Meer erst unter englischem, dann unter flandrischem Himmel und ab Rotterdam den Rhein herauf – aus dem Fluss zu hieven. Irre. Ich sitze an Deck und nippe an meinem Wein. Man könnte hier auch essen. Und tanzen. Im Schiffsbauch ist ein Club. Sie haben die Gannet zum Kulturschiff umgebaut. Was sonst? Am Bug flirren durchsichtige Ballons mit einem Schweif aus Alufäden, schwebende, sinkende, glitzernde Himmelsquallen.

»Es geht in Wellen«, sagte Klaus, auf meine Bemerkung hin, dass man die lebendige Kunstszene in Basel, jenseits der gesammelten und herausragend präsentierten Kunst – im Kunstmuseum, in der Kunsthalle, in der Fondation Beyeler, im Schaulager – ziemlich suchen müsse. »Selbst der umtriebige Tinguely ist inzwischen museal«, sagte ich schulterzuckend. Klaus erzählte von den Jungen, die hätten wieder Biss, seien verrückt im besten Sinne, da gehe was. Er erzählte von der Hochschule für Kunst und Gestaltung im Dreispitz und von subversiven Aktionen im großen Stil während der Art. Basel stehe am Anfang einer neuen Welle, da sei er sicher.

Erster Streich 2022: das Art Clubhouse Beverly Holz, ein schillerndes Experiment während der Kunstmessewoche in einer leer stehenden Abbruch-Villa auf dem Bruderholz, einem wohlhabenden Stadtteil im Süden Basels. Bespielt werden alle Räume vom Keller bis unters Dach sowie der Garten mit dem Pool, der notdürftig hergerichtet zum Schauplatz eines Wasserballetts wird, wie es das seit der Einweihung des Fasnachtsbrunnens auf dem Theaterplatz wohl nicht mehr gegeben hat. Internationale Kunstgrößen und lokale Nachwuchshoffnungen werden hier zwanglos nebeneinander präsentiert. Die Subversion des Ganzen liege nicht im Dagegensein, sondern im Unterlaufen von Erwartungen, sagen die Initiatoren, die sich Social Club nennen. Was hier geschieht, läuft außerhalb der Leitplanken des gut eingespielten Messebetriebs. Zugang für alle. Die Aktion schlägt ein wie eine Bombe und ebnet den Weg zum zweiten Streich. Im Folgejahr bekommt der Social Club von einem Mäzen eine Industriebrache angeboten, es ist ein räumlicher Quantensprung. Über hundert Galerien, Kuratorenteams und Offscpaces sind beteiligt, stellen Hunderte Kunstwerke und Performances zur Schau. Eintritt frei.

Es ist das Terroir, denke ich. So wie das Terroir die Weinqualität prägt, die Topografie, der Boden, das Klima, das Wetter, die Anbautechnik, die Sorgfalt des Winzers, so gibt es auch eine Art Kunst-Terroir, und das ist in Basel äußerst günstig. Das kollektive Selbstverständnis – Kulturhauptstadt, das sind wir –, die nötigen Mittel und die Bereitschaft, zu geben, am liebsten heimlich, aber auf jeden Fall ohne viel Aufsehen, die Räume, die sich dank des industriellen Strukturwandels weg von der Produktion, hin zu Forschung und Entwicklung auftun, die Verrückten, die in diese Räume stoßen und sie bespielen. Zwischennutzung.

Das ist ein seltsames Wort. Als ob nicht alles nur auf Zeit wäre. Stadtbilder wandeln sich. Lange Zeit verschanzte sich Basel hinter Stadtmauern, man hatte sie sogar nach dem großen Erdbeben wieder aufgebaut, und hinter diesen Mauern ballte sich alles, was man gerne von außen aufnahm: Unternehmertum, Handelsgeschick, Geistesgröße, technische Innovation, ein bisschen wie ein schwarzes Loch, das alles in sich aufsaugt und immer schwerer und dichter wird, ohne selbst groß auszustrahlen. Erst die industrielle Revolution sprengte alles. Bevölkerungsexplosion mit allen bekannten Folgen. Die gab es woanders auch. Spezifisch baslerisch ist die Branche, die Herausbildung der Chemie- und Pharmaindustrie aus der Seidenbändelfärberei, und die Tatsache, dass die sich in alle Richtungen rasch ausbreitende Stadt ebenso rasch wieder an ihre Grenzen stieß: Baselland, Frankreich, Deutschland. Dass man derweil wirtschaftlich von Zürich abgehängt wurde, wurmt die Basler heute noch. Neues Geld, sagen sie und rümpfen vornehm die Nase. »Un alles nimmt en End, un nüt stoht still.«

Wie soll man wachsen auf begrenztem Raum? Zwei Möglichkeiten: abreißen, neu bauen – ein probates Mittel bis in die Siebzigerjahre des vergangenen Jahrhunderts – oder in die Vertikale gehen. Ein bisschen wie in Manhattan. Ist es also die Raumnot, die Basel in die Höhe treibt wie den Hefeteig in den Grenzen seiner Backschüssel?

Kurz vor der Dreirosenbrücke, auf der der Verkehr brüllt, drehe ich in voller Fahrt den Kopf nach dem Novartis-Campus auf der anderen Rheinseite. Angeblich haben hier einst die Kelten gehaust, die ersten belegten Siedler auf dem heutigen Stadtgebiet. Und von hier aus startete der weltweit erste LSD-Trip in Form einer Radtour. Der neue Pavillon in Ufernähe soll organisch wirken, und man kann ihn in allen Farben erstrahlen lassen. Lightshow. Das ist hübsch. Und beliebig. Riesenspielzeug. Hinter der hässlichen Brücke mit dem schönen Namen, die wie ein Riegel in der Landschaft liegt, beginnt die sogenannte Rheinriviera. Sonnenschirme, Badetücher, Buvetten. Menschen nippen an Aperol Spritz, Menschen treiben mit Wickelfischen im Wasser. Von Brücke zu Brücke nimmt die Badetücher- und Wickelfischdichte zu, Johanniterbrücke, unter Beobachtung der *Helvetia*, Mittlere Brücke, hier beginnt das Postkarten-Basel, der Blick geht hinüber zum Dreikönig und hinauf zu den Seidenbändelherrenhäusern, zur Münsterpfalz. Spätestens ab der Wettsteinbrücke hat man dann nur noch Augen für das neue Basler Bergmassiv. »Isch Basel nit e schöni, tolli Stadt?« Das Matterhorn sei ein nationales Symbol, ohne wirklich eines zu sein, sagte Klaus. So wie der Eiffelturm in Paris ein inoffizielles Nationalsymbol sei. Alltagskultur interessiere ihn, er habe früher Ausstellungen dazu gemacht, zum Fußball, zum Auto oder eben zum Matterhorn, Titel: *What's the Matter?*

Am Solitudepark ist Ende. Bis zur Schwarzwaldbrücke, über die die Bahnlinie und die Autobahn aus Deutschland kommen und das Tinguely-Museum fast streifen, gelangt man mit dem Velo am Rheinufer nicht. Ich steige ab und setze mich an das flache Brunnenbassin mit dem eiligen Riesenrad, das in der Abendsonne Tropfen sprüht, als wären es Funken, und betrachte die langen Schatten, die die weißen Türme werfen.

Im Reich der Fantasie

Zeitreisen sind möglich in Basel. Egal wohin man seinen Fuß setzt, man gerät immer auf den Treibsand der Geschichte. Das älteste erhaltene Werkzeug der Schweiz soll ein Faustkeil aus Pratteln in Baselland sein. Man streitet, ob er dreihunderttausend oder gar vierhunderttausend Jahre alt ist, oder doch »nur« einhundertzwanzigtausend. In der heutigen Agglomeration Basel findet man reichlich Spuren von Kelten, Römern, Franken, Habsburgern. Und es existieren Paralleluniversen, manche davon sind unverkennbar miteinander verbunden, verbunden wie durch das breite Band des Rheins, der alles zusammenhält, bei anderen liegen die Beziehungen eher im Verborgenen, verborgen wie der kleine Fluss Birsig unterm Marktplatz, auf dem das Brunnengeschenk des Geistes der Chemie hätte stehen sollen. Der (und nicht etwa die) Birsig entspringt im Elsass, offen – jedoch begradigt und verbaut – kommt er durch Oberwil nach Bottmingen nach Binnigen durch den Zolli (das ist der heißgeliebte Basler Zoo), bevor er dann am Ende des Nachtigallenwäldchens unter der Stadt verschwinden muss, um bei der Schifflände in den Rhein zu fließen. Und dann ab nach Rotterdam.

Der Glaube an die unbestechliche Logik der Wissenschaft und des Geldes sind in Basel genauso zu Hause wie der Hang zum Fantastischen, Mystischen, Religiösen. Gewissheiten und Zweifel, denen man auf exakt die gleiche Weise begegnet: Man behält sie für sich. Vielleicht redet man hinter vorgehaltener

Hand, aber das laute Getöse überlässt man lieber den Zugereisten, den Durchreisenden, den Teilzeit-Baslern.

Born to be wild ist nun nicht gerade das Erste, was einem einfällt, wenn man in Basel herumspaziert, trotz der wasserspeienden Basilisken und obwohl am Spalenberg der Wolf umgeht, ein dürrer, hochbeiniger Geselle mit hängender Zunge und eingezogenem Schwanz. Da braucht es dann doch einiges an Vorstellungskraft. Licht an, Ton ab, Kamera ab, Klappe, Action:

Ein Mann und eine Frau gehen die Rheinpromenade entlang. Das milchig grüne Wasser scheint auf der Überholspur. Im Hintergrund steht hoch oben das Münster, im Vordergrund schiebt sich ab und zu ein Baum ins Bild. Der bärtige Mann trägt Hut und Anzug, die Frau ein ausgestelltes, milchweißes Kleid. Sie gehen langsam, an leeren Bänken vorbei, zögern, gehen weiter.

Hier wird Literatur verfilmt. Wir schreiben das Jahr 1973. Die Anweisungen erteilt ein amerikanischer Regisseur. Das ist kein Zufall. Der Roman, der verfilmt wird, heißt *Der Steppenwolf*. Der wenig heitere Held, der durch den Film spaziert, heißt Harry Haller, und würde er immer weiter spazieren, käme er schon bald zum Hotel Krafft, wo Hermann Hesse knapp fünfzig Jahre zuvor mit der Niederschrift des Buches begonnen haben soll. Manche behaupten, der Wolf vom Spalenberg habe ihn zum Titel seines Romans inspiriert, auch wenn das Tier, das dort auf eine Fassade gemalt ist, wohl eher ein hundsgewöhnlicher Feld-, Wald- und Wiesenwolf ist.

Seit gut zehn Jahren ist Hesse tot, und das Buch hat inzwischen in bestimmten Kreisen in Amerika Bibelstatus erreicht. *Peace!* Ein amerikanischer Professor hatte zur Lektüre aufgerufen, was an und für sich keine besonders außergewöhnliche Sache wäre, wenn es sich dabei ausschließlich um die Erweiterung des Bewusstseins durch Literatur gehandelt hätte. Hat es aber nicht. Als Begleit-Medikation zum *Steppenwolf* hatte Professor Leary LSD empfohlen. »Das Magische Theater!

Eintritt nicht für jedermann. Nur für Verrückte. Der Eintritt kostet den Verstand«. Vermutlich hätte die Geschichte, die von der Zerrissenheit des zivilisatorisch zugerichteten, äußerlich angepassten, aber innerlich wilden, wölfischen Individuums handelt, den Hippies auch clean gefallen. Später wurde das Buch übrigens zur Pflichtlektüre für das Deutsch-Abitur in Baden-Württemberg. Wer sich das wohl ausgedacht hat?

Die Band-Mitglieder von Steppenwolf kannten den Roman nicht, als sie sich so nannten, aber der Vorschlag ihres Musikproduzenten hatte ihnen gefallen. Klang irgendwie gut. Nach Wolfsgeheul. Nach Ginsberg und Kerouac. »Like a true nature's child«.

Der Filmproduzent Richard Herland hingegen gehörte zu den Jüngern der Hesse'schen Seelenzergliederung und hatte darauf bestanden, in Basel zu drehen statt in Hollywood. Starkino. Und recht gewagt, was die damalige Technik betraf. Neben den wunderbar düsteren Aufnahmen der Stadt sorgen die hineinmontierten psychedelischen Trickfilmsequenzen, die eher an ein Musikvideo der späten Beatles, vielleicht *Lucy in the Sky with Diamonds*, erinnern als an großes Kino, dafür, dass der Film heute sehr in seiner Zeit verhaftet wirkt und von einem Meisterwerk ungefähr genauso weit von Viscontis *Tod in Venedig* entfernt ist wie die gleichnamige Mann'sche Novelle vom *Steppenwolf*. Schade.

Ohne sichtbare Folgen für Basel blieben die Filmaufnahmen trotzdem nicht, auch wenn es lange Zeit danach aussah. Vierzig Jahre später kehrte Filmproduzent Herland zurück, beseelt von der Idee, Hermann Hesse müsse in dieser Stadt doch endlich Ehre widerfahren: Hier ging zur Schule. Hier wohnte. Hier machte eine Lehre. Hier heiratete. Zweimal sogar. Hier hätte sich fast umgebracht. Und vor allem eben: hier schrieb. Der Filmproduzent machte ein Gestürm, und nur zehn Jahre später war es dann so weit. Der Hermann-Hesse-Platz wurde eingeweiht. In Kleinbasel. Unter Beisein der örtlichen Politprominenz und entfernter Nachfahren des Schriftstellers. Leicht zu finden ist der Ehrenplatz nicht, was angeblich Ausdruck der Bescheidenheit sowohl des Geehrten als auch der Ehrenden sein soll. Mehr Sein als Schein, kennen wir schon. Und weil es sich bei einer Ehrung immer gut macht, wenn man nicht nur einen Grund, sondern auch einen Anlass hat, wurde der Platz – eine unscheinbare Baulücke, die den Vergleich mit dem Picassoplatz durchaus scheuen muss – offiziell zur Feier des fünfundsiebzigsten Jubiläums der Verleihung des Nobelpreises an den Schriftsteller eingeweiht. Ja. Bei so viel Bescheidenheit hat es sicher keine Rolle gespielt, dass Hesse der einzige Literaturnobelpreisträger ist, den man unzweifelhaft mit Basel in Verbindung und gegen den Zürcher Frisch in Stellung bringen kann.

Da wir gerade davon sprechen. Meine wohlmeinenden ehemaligen Arbeitskollegen schenkten mir zum Abschied vom Großkonzernleben einen ganzen Regalmeter mit Büchern von Literaturnobelpreisträgern aus aller Herren Länder, was ein Schriftstellerkollege später folgendermaßen kommentierte: So was könne auch nur Leuten einfallen, die nicht viel lesen. Mit den Schriftstellern ist das so eine Sache, die gehören ja zur Zunft der Hofnarren und können schlecht die Klappe halten. Deshalb ehrt man sie meist erst mit einem Platz, einer Straße, einem Weg, wenn sie schon tot sind. Am besten lange tot. Und auch mit der Bescheidenheit verhält es sich oft anders, als man denkt. Die an der berühmt-berüchtigten Basler Mission tätigen, aus Calw gebürtigen Eltern von Hermann-Harry jedenfalls äußerten sich schon früh sehr besorgt über den Buben: Er fühle sich zu Großem berufen, er leide an hybriden Selbstwertgefühlen. Größenwahn. »Sag ich doch«, sagt Ernst-Wilhelm Händler in meinem Kopf.

Apropos Basler Mission. 1815 gegründet, ist sie eine der ältesten evangelischen Missionsgesellschaften Europas, geboren aus dem Geiste des württembergischen Pietismus und der Überzeugung, die Heidenkinder dieser Welt zum wahren Glauben bekehren zu müssen, bevor die Welt untergeht, oder positiv ausgedrückt: im Angesicht des nahenden Reichs Gottes. Man folgte seinem Pflichtgefühl, hatte nur die besten Absichten, und die internationalen Kontakte der Basler Handelsleute waren sehr hilfreich, wenn es darum ging, das Wort Gottes und sonstige zivilisatorische Segnungen in die entlegensten Winkel zu tragen. Hesse selbst gab in späten Jahren über seine Eltern wie folgt Auskunft: »Meine Erziehung war nicht leicht und sanft, trotz der unerschöpflichen Liebeskraft der Mutter und dem ritterlichen, delikaten und zarten Wesen des Vaters. Streng und hart waren nicht sie, sondern das Prinzip. Es war das pietistisch-christliche Prinzip, dass des Menschen Wille von Natur und Grund aus böse sei, und dass dieser Wille also erst gebrochen werden müsse, ehe der Mensch in Gottes Liebe und in der christlichen Gemeinschaft das Heil erlangen könne.«

Zurück zur Literatur, die sich einer, wie Hesse erst so schwer erkämpfen musste. Damit nicht nur die Eingeweihten, sondern auch das breite Publikum weiß, wann ein Schriftsteller oder eine Schriftstellerin auch schon zu Lebzeiten groß zu nennen sei, hat man neben dem Nobelpreis noch zahlreiche andere Literaturpreise erfunden. Sie sind in der Regel mit entsprechenden Demutsbekundungen seitens der Ausgezeichneten anzunehmen. Früher benannte man diese Preise nach Vertretern des Bildungsbürgerliteraturkanons, Goethe, Schiller, Büchner, Kleist, Mann, Hesse auch, aber irgendwann hatte man die alle durch und musste auf die zweite und dritte Reihe ausweichen. Am Ende gab es so viele Preise, dass das Publikum doch nur wieder verwirrt war und die Zeitungsredaktionen, genervt von den Pressemitteilungen, die das ganze Jahr über auf sie einprasselten, gleich die ganze Berichterstattung über Literatur auf ein Minimum reduzierten.

Den bescheidenen Schriftstellern, die nehmen müssen, was sie kriegen können, wie die weithin rezipierte soziologische

Studie der Basler Universitätsgelehrten Carolin Amlinger über das Schreiben als Beruf jüngst bestätigte, kann das egal sein, solange die Preise mit einem Preisgeld verbunden sind und man sie in seiner Kurzbiografie auflisten kann wie Qualifikationszertifikate im Manager-Lebenslauf.

Aber die Buchbranche brauchte einen Befreiungsschlag. Also weg mit all den verwirrenden Namen und hin zu einer Bezeichnung, deren Bedeutung gewiss jeder verstehen konnte, selbst Fußballfans, und mit der man es wenigstens einmal, wenn man es geschickt anstellte, sogar zwei- oder dreimal, in die Schlagzeilen bringen konnte. Seit fast zwanzig Jahren wird nun um die nationale Meisterschaft der deutschsprachigen Literatur gespielt, in Deutschland, der Schweiz und in Österreich. Wer hat's erfunden? Die Deutschen. Und dann ist das über die Grenze geschwappt. Der Schweizer Buchpreis wird in Basel verliehen, im Theater. Nicht in Zürich. Und auch nicht in Bern. Und so wird aus dem größten Dreispartenhaus der Schweiz einmal im Jahr – um die Literatur erweitert – sogar ein Vierspartenhaus. Das Publikum freut's.

Abgesehen von diesem einen Mitternachtsball, flankiert von einem dreitägigen Festival namens BuchBasel, bleibt die Literatur als Aschenputtel der Kultur auch in der Kulturstadt Basel recht unscheinbar. Nicht, dass hier nicht geschrieben und verlegt würde, aber der Anteil, der aus dem kantonalen Förderungsfüllhorn des ochsenblutroten Regierungssitzes am Marktplatz für die schreibende Zunft und die ihr zugeneigten Institutionen ausgeschüttet wird, ist doch vergleichsweise gering. Sehr gering. Literatur ist Subkultur, pflegt ein guter Freund von mir an dieser Stelle zu kommentieren, und dann kommt er mit der Marktwirtschaft und der Nachfrage, die den Preis bestimme und damit auch den Wert von etwas.

Abstimmung mit den Füßen. Es bewegen sich halt doch deutlich weniger Menschen ins Literaturhaus als ins Theater oder ins Konzert oder ins Kunstmuseum oder zum Beyeler, der einen siebenstelligen Förderungsbetrag erhält und damit vier Komma fünfmal so viel wie der Literaturverein. Oder sie gehen zum Fußball. Oder zur Fasnacht. Zahlen lügen nicht. Bist du wahnsinnig?, fragten mich meine Großkonzernkollegen damals, als ich sagte, ich ginge jetzt Bücher schreiben. Irre. Und: Wann kommst du zurück? Aber wenn man das Magische Theater erst einmal betreten hat, ist das nicht so einfach mit der Wiederkehr.

Eine meiner Basler Roman-Figuren hat übrigens eine ganz eigene närrische Theorie, warum die *Homines oeconimici* im Allgemeinen die Bildende Kunst der Literatur vorziehen.

> *Sie fürchten das Wort und sie hassen die einsame, wenig prestigeträchtige Auseinandersetzung mit einem Buch. Es sind studierte Leute, ja, doch in Wahrheit sind sie bildungsferne Existenzen durchseucht vom ökonomischen Prinzip. Schon ihr Studium war eine Investition, es musste sich lohnen. […] Und um ihre kulturelle Legasthenie breiten sie das Deckmäntelchen der Kunstaffinität. Die moderne Malerei ist ein leichtes Opfer! Man muss sich nicht damit auskennen, geschweige denn auseinandersetzen. Man muss ein Bild nur kaufen und aufhängen. Je abstrakter, desto besser, damit es auf vielfache Weise deutbar bleibt. Je hohler das Werk, desto reiner kann es der Glaube beseelen, mit desto mehr Kredit kann man das Werk ausstaffieren. Jeder kann es für sich vereinnahmen. Das mag dann nicht im Sinne des Künstlers sein, aber der interessiert sowieso nur als Marke. Ein Blick im Vorübergehen und schon steigt der Status des Besitzers. Wo sonst bekommen Sie so viel Reputation für so wenig geistigen Aufwand?*

Die Literatur wirkt heutzutage eher im Verborgenen, wenn auch nicht ganz freiwillig. Das ist in Basel nicht anders als woanders. Einzigartig ist hingegen die Existenz eines anderen fantastischen Paralleluniversums, welches sich ebenfalls dem öffentlichen Interesse weitgehend entzieht. Höchst absichtlich allerdings. Und es steckt Geld drin. Sehr viel Geld. Quasi alles Geld der Welt.

Es handelt sich um die Zentralbank der Zentralbanken, den Nabel der Nabel, den Vatikan der Weltfinanzreligion. Und so wie der Vatikan zwar in Rom liegt, aber nicht zur Stadt gehört und noch nicht einmal zu Italien, liegt die Bank für Internationalen Zahlungsausgleich, kurz BIZ, zwar in Basel, aber auf exterritorialem Gelände. Zutritt nicht für jedermann. Auch nicht für die Schweizer Polizei. Das regt zwangsläufig die Fantasie an, und wenn man sich ein bisschen mit dieser überstaatlichen Privatinstitution beschäftigt, drängt sich mindestens ein großer Roman auf oder ein Wirtschaftsthriller oder gleich eine Serie. Wenn sich Literaten nur mit Geld auskennen oder sich wenigstens dafür interessieren würden. Wahrscheinlich muss erst wieder ein Amerikaner kommen und sich des Themas annehmen. Ein Titel wäre auch schnell bei der Hand: *Gold*. Das ist griffiger als *Geld*, und man kann sich gleich etwas vorstellen, Goldbarren zum Beispiel oder Goldzähne.

Geld. Wer versteht das schon wirklich? Wenn selbst eine Zentralbankerin, die alle zwei Monate zum sonntäglichen Dinner nach Basel einfliegt, um sich mit ihren Kollegen der illustren Tafelrunde informell auszutauschen, sagt, Geldpolitik sei keine reine Wissenschaft, sondern auch eine Kunst. Vielleicht wollte sie sagen, es sei eine Geheimwissenschaft wie die Alchemie. Die Alchemie, also die Kunst des Goldmachens oder zumindest der Versuch, hat durchaus Tradition am Rheinknie. Das allein erklärt aber noch nicht, warum das BIZ-Raumschiff in den Dreißigerjahren des vergangenen Jahrhunderts ausgerechnet am Centralbahnplatz in Basel landete. Ursprünglich wurde diese Bank geschaffen, um die Reparationszahlungen der Deutschen nach dem Ersten

Weltkrieg einzusammeln, und weil man sich nicht einig war, wohin damit, kam sie halt in die unvorbelastete Schweiz, aber bitte nicht hinter den Jura, damit man sie von Frankreich und Deutschland aus gut im Auge behalten kann, was sich besonders während der Nazizeit als vorteilhaft erwies. Für die Nazis. Die zahlten zwar keine Reparationen mehr, machten aber gerne Devisengeschäfte, und zudem stießen sie bei ihren Eroberungsraubzügen durch die europäischen Lande auf die eine oder andere Goldreserve »obsolet« gewordener nationaler Zentralbanken, die ja dann irgendwo eine neue Heimat finden musste.

Goldtransporte! Das sind Szenen wie gemacht für Spannungsliteratur. Wir schreiben das Jahr 1938, es ist November, nein, keine neblige Nacht, in der Nordwestschweiz ist es ungewöhnlich trocken und warm für die Jahreszeit, siebzig Kilometer weiter nördlich in Freiburg ist vor wenigen Tagen die Synagoge abgebrannt. In seinem Labor synthetisiert Albert Hofmann zum ersten Mal LSD, weiß aber noch nichts damit anzufangen. Im Tresorraum der BIZ werden Goldbarren abreisefertig gemacht. Seit Juni geht das schon so, bis 1940 werden es insgesamt einhundertvierzig Tonnen sein. Der sichere Hafen, in den sie gebracht werden, heißt New York. Den Rhein hinunter nach Rotterdam und über den Atlantik.

Zeitsprung in die Gegenwart. (Das ist ein beliebter literarischer Trick, wenn ein Autor die Spannung hochhalten will oder ihm zu einem Thema nichts mehr einfällt oder wenn er merkt, dass er besser schweigen sollte, um nicht im Treibsand der Geschichte zu versinken. Schweigen ist. Sie wissen schon.) Im Bankettsaal des runden Turmes am runden Tisch kann man endlich wieder beisammensitzen, die Pandemie ist Schnee von gestern. Es gibt Wichtiges zu besprechen, den Siebzehner-Jahrgang von Romanée-Conti, der endlich auf den Markt gekommen ist, zum Beispiel, oder die Dummheit der Finanzminister, manche Dinge ändern sich eben nie. Ein Ritter der

Tafelrunde bringt einen Toast aus: Auf uns, die wir jetzt verstehen, warum wir wenig von Inflation verstehen! Prost, Mahlzeit.

Seit den Siebzigerjahren trifft man sich im Turm der BIZ, der bei seiner Errichtung viel Aufsehen erregte, inzwischen aber aus der Wahrnehmung der dem Schweizer Bahnhof Zustrebenden oder vom Schweizer Bahnhof Wegstrebenden verschwunden ist. Sichtbar verborgen wie der ganze informelle »Basler Prozess«, von dem es heißt, er sei ein wesentlicher Pfeiler der internationalen Finanzstabilitätsdiskussion, eine Art Dauerkonzil der Banken. Ja, man gehört zu den Konservativen, aber zu den Guten. Die global gültigen, mit Kardinalzahlen versehenen Regelwerke, die den Namen der Stadt tragen, in der der Turm auf Rheinkieselschotter errichtet wurde, sollen Banken zur Vorsicht und Vernunft zwingen. Es geht um Fragen der Liquidität und der Eigenkapitalreserven.

Böse Zungen behaupten, die BIZ sei ein bedenklicher Anachronismus. Es gehe ihr vor allem darum, die eigene Macht zu erhalten. Ihre Mitglieder seien von niemandem gewählt und auch niemandem rechenschaftspflichtig, ihr Einfluss auf das wirtschafts- und finanzpolitische Weltgeschehen hingegen sei gar nicht hoch genug einzuschätzen. Vielleicht versucht man deshalb seit geraumer Zeit, ein bisschen mehr mit der Öffentlichkeit in Kontakt zu kommen. Public Relations mit Website, Social Media und Pressemitteilungen. Und man gibt sich demütig, kommuniziert Sätze wie: Wir haben dieses und jenes nicht kommen sehen, damit konnte man nicht rechnen.

Man muss sich deshalb keine Sorgen machen. Der Verdacht liegt nahe, dass in äußerst komplexen Zusammenhängen an der Grenze zu chaotischen Systemen selbst die nicht ganz durchsteigen, die sich augenscheinlich wie Fische im Wasser darin bewegen. Was weiß der Fisch schon vom Meer oder vom Rhein, in dem er schwimmt? Und doch schwimmt er. Das ist beruhigend.

Das neunzigjährige Jubiläum der BIZ lieferte dann sogar dem Anlass für den ersten Tag der offenen Tür. Kuratiert von einer PR-Agentur. Auch die wollen immer nur für alle das Beste und streben danach, die feine Balance zwischen Transparenz und Nacktheit zu wahren. Wer lässt schon gerne die Hosen runter? Und wer würde so was sehen wollen? Wo kein Raum mehr für Fantasie bleibt, da leidet die Attraktivität. Die Basler jedenfalls bewegten sich in Scharen, soweit die pandemischen Maßnahmen das zuließen, über die heruntergelassene Zugbrücke und durch die exzellente Ausstellung. Was wir machen, wer wir sind, wo wir sind. Und hey, klar dürft ihr endlich auch mal auf unseren Turm steigen und die schöne Rundumsicht über Vogesen, Schwarzwald und Jura genießen. Und wenn dann der neue, zweite Turm einmal fertig ist, ein bescheidener Bau, kaum höher als der Messeturm, dann dürft ihr vielleicht wiederkommen.

Bewegung und Stillstand

Es ist eine simple Konstruktion. Zwei Drahtseile und ein bisschen Mechanik, Bewegungsenergie, um genau zu sein. Das erste Seil spannt sich von einem Ufer zum anderen, das zweite Seil, an dem der Bootskörper befestigt ist, läuft senkrecht dazu. Die Strömung treibt die Fähre an, ohne sie je mitzunehmen. Die Stellung des Ruders entscheidet, ob sie von Kleinbasel nach Großbasel gleitet oder umgekehrt. Der Fährmann entscheidet, wann sie ablegt. Vier Gierfähren queren in Basel den Rhein, der von Süden nach Norden fließt, hinein und hinaus aus der Stadt. Die Fähren heißen »Wilde Ma«, »Leu«, »Vogel Gryff« und »Ueli«, sie gleiten hin und her und her und hin, ein unablässiges Weben an Ort und Stelle.

In Basel beginnt der Oberrheingraben, eine Tiefebene, die man sich wie eine langgezogene Riesenwanne vorstellen kann, dreihundert Kilometer lang und bis zu vierzig Kilometer breit. Diese Landschaft ist nicht das Produkt eines mäandernden Flusses, der sich seinen Weg bahnt. Der Rhein hat sich einfach in den Graben ergossen, den er bereits vorfand. Der Oberrheingraben ist die Sollbruchstelle Europas. Der Schub der afrikanischen Platte gegen die europäische sorgte vor Millionen von Jahren für eine starke Aufwölbung der Erdkruste nördlich der Alpen, und wie beim Brotbacken zerbrach das Gewölbe. Es entstand ein Riss, ein Graben, der kilometertief einsank. Der östliche Teil mit dem Schwarzwald und der westliche mit den Vogesen begannen auseinanderzudriften. Niemand weiß, warum diese Bewegung vor zwanzig Millionen Jahren zum Stillstand kam. Wäre das nicht geschehen, dann wäre Europa entlang des heutigen Rheinlaufes vermutlich gespalten worden, und Basel läge tatsächlich am Meer.

Statt am Meer liegt Basel heute in einem Gebiet mit mittlerem Erdbebenrisiko. Weil die afrikanische Platte immer weiterschiebt und der Rheingraben immer weiter absinkt, kommt es in den Gesteinsschichten im Oberrheingraben häufig zu Spannungsentladungen. Es rumort im Basler Untergrund, wenn auch in den meisten Fällen kaum merklich. Wer allerdings eine Neigung zu Untergangsfantasien hat, der zieht sicherlich einen gewissen Lustgewinn aus der Tatsache, dass Geologen ein verheerendes Erdbeben in der Region alle paar hundert Jahre für möglich halten, statistisch gesehen.

Von viel mehr als schwankenden Sektglasbefüllungen, weichen Knien und erstaunten Gesichtern kann ich aus eigener Erfahrung nicht berichten. Die deutlich spürbare Erschütterung, die damals den Abschieds-Apéro eines Arbeitskollegen begleitete, erwies sich im Nachhinein als menschengemacht. Geothermie, Probebohrung im Rheinhafen. Durch die Bruchsysteme im Rheingraben befindet sich die Erdwärme relativ nahe der Erdoberfläche. Das Thema ist aber inzwischen Geschichte in Basel.

Deutlich wahrnehmbarer als das, was sich unter der Erde tut, sind die Bewegungen der Stadt an der Oberfläche. Es ist ein stadtplanerischer Tanz mit den ortsansässigen Unternehmen und Institutionen, die rechts und links des Rheins Raum fordern oder freigeben, wie es ihre strategische Ausrichtung gerade verlangt. Dabei geht es mitnichten darum, den Anschluss nicht zu verlieren, sondern an vorderster Front zu bleiben. Weltspitze. Gestern, heute, morgen. Klar, wer in Basel den Takt angibt. Da gilt es, die Balance nicht zu verlieren. Vielleicht haben sie deshalb den geografischen Mittelpunkt des Kantons Basel-Stadt gekennzeichnet. Beim geografischen

Mittelpunkt handelt es sich um den Schwerpunkt der Kantonsfläche. Schneidet man die Umrisse des Kantons auf einem Karton aus, kann man diese Platte mit einem Finger unter dem Schwerpunkt im Gleichgewicht halten. Er befindet sich im Hirzbrunnen-Quartier auf dem Trottoir entlang der Liegenschaft Im Heimatland 32. Ich frage mich, ob das auch noch funktionieren würde, wenn man auf dem Karton ein Oberflächenrelief der Stadtbebauung anbringen würde? Oder würde das den Schwerpunkt verschieben?

Überhaupt könnte man meinen, die Basler seien die Meister der Balance. Um über ein Drahtseil zu balancieren, braucht es Bewegung und Stabilität, das weiß der Drahtseilkünstler. Er darf nicht stehen bleiben, aber er darf auch nicht die Körperbeherrschung verlieren. Und so bewegt man sich am Rhein mit traumwandlerischer Sicherheit zwischen Spitzenforschung und Mittelalter, zwischen Innovation und Tradition, zwischen Erneuern und Bewahren. Wobei den eingeborenen Baslern wohl eher der Hang zum Bewahren angeboren ist. Irgendwo müssen die vielen Museen ja herkommen. Bevor eine Sammlung öffentlich zugänglich gemacht werden kann, muss sie erst mal da sein.

Sammeln ist eine typisch menschliche Tätigkeit seit Jahrtausenden. Im Sammeln sind einige urmenschliche Bedürfnisse verbunden: Spielen, Begegnen, Gestalten, sozialer Vergleich, Sichern und Absichern. Sammeln bedeutet Kontrollgewinn. Es kommt unserer Sehnsucht entgegen, Dinge zu erklären, vorherzusagen und zu beeinflussen. Man erlebt sich als selbstwirksam: Ich entscheide, auf welchem Gebiet ich sammle und ob oder wie ich das präsentiere, ich entscheide, was ich kaufe, aufhebe, pflege oder nicht. Sammeln kann auch zur Demonstration von Macht und Reichtum dienen. Wenn sich heute Privatsammler mit millionenschwerer Kunst umgeben, ist das auch eine Wertanlage. Aber meistens geht es weniger ums Haben als ums Sein. Zeige mir, was du sammelst, und ich sage dir, wer du bist.

Der Basler Sammeltrieb – ich vermeide bewusst die Begriffe »Sammelwahn« oder »Sammelwut«, weil mir kaum etwas unpassender erscheint, als die Basler wahnhaft oder übertrieben leidenschaftlich zu nennen – zeigt sich nicht nur in musealen Beständen oder Archiven, wie zum Beispiel dem Paul-Sacher-Archiv, das gut hundert Nachlässe von bedeutenden Komponisten und Interpreten bewahrt, darunter die von Strawinsky, Bartók und Boulez. Gesammelt wird auch unter freiem Himmel. Im Zoo sammeln sie Tiere, im botanischen Garten seltene Pflanzen wie den Titanwurz, die berühmte Stinkepflanze, die Tausende Besucher in Bewegung setzt, wenn sie alle paar Jahre mal blüht, in den wunderbar weitläufigen Merian Gärten sammeln sie Zierpflanzen – Iris, Fuchsien, Pfingstrosen, Clematis, Efeu, Schneeglöckchen – und Nutzpflanzen, darunter siebzig Arten Salbei, Arzneipflanzen, alte Obst- und Gemüsesorten. Und die Basler sammeln Gebäude von Stararchitekten wie andere Leute Panini-Bildchen. Eine Sammlung ist nie vollständig. Sammeln ist Selbstzweck, ein endloses Unterfangen, das an Unsterblichkeit grenzt. Transzendentalerfahrung. *Tu felix Basilea collige!*

Der einzige Künstler, dem sie in Basel ein eigenes Museum gebaut haben, ist passenderweise ein Balancekünstler, einer der das Prinzip der Statik predigte, Stabilität in der Bewegung statt Versteinerung. »Lasst es sein, Kathedralen und Pyramiden zu bauen, die zerbröckeln wie Zuckerwerk«, schrieb Jean Tinguely in seinem Manifest, das er auf hundertfünfzigtausend Flugblättern unter die Leute brachte. Wer sein bewegtes Werk nicht kennt, dem macht das Tinguely-Museum den Zugang spielend leicht. Die meisten seiner schrägen Maschinen aus Schrott und Alltagsgegenständen kann man per Knopfdruck oder Fußschalter selbst starten. Und dann sieht man sie zucken, zappeln und rotieren, hört sie scheppern, quietschen und musizieren. Sie entfalten ihre eigenartige Poesie. Für eine Weile. Bis sie wieder in ihren Dornröschenschlaf fallen.

Die ganze Stadt kennt diesen Wechsel aus Verschlafenheit und Spektakel. Geht man an einem normalen Arbeitstag oder gar an einem normalen Sonntag über den Messeplatz, kann man sich vorkommen wie der einzige Mensch auf dem Planeten, dem allein sein Spiegelbild in den abweisenden Fassaden Gesellschaft leistet. Oder der Münsterplatz an manchem frühen Abend. Er liegt so still und leer unter dem Himmel, dass man nicht sicher ist, in welchem Jahrhundert man sich gerade befindet und ob es wahrscheinlicher ist, dass gleich ein Zug Flagellanten um die Ecke biegt oder ein paar Radfahrer, die ihre Velos übers Kopfsteinpflaster schieben.

Und dann kommt die Fasnacht oder die Art Basel oder das Tattoo oder die Herbstmesse oder der Weihnachtsmarkt oder eine Fußballeuropameisterschaft oder ein Engelszimmer oder Tutanchamun oder einfach nur der Sommer und bringt Basel auf die Beine. Schaufenster werden passend dekoriert, Fahnen aufgehängt, das kulinarische Angebot angepasst, private und halbprivate Initiativen rund ums aktuelle Thema gestartet. Die Kultur küsst alle wach. Für eine Weile. Die Straßen füllen sich, die Hotels auch und die Restaurants.

Mit Besucherströmen kommt man hier gut zurecht. Der Verkehr läuft wie am Schnürchen, ein trinationaler Flughafen, drei Bahnhöfe, Straßenbahnen, die kreuzen und queren, dass einem an Knotenpunkten wie dem Aeschenplatz oder dem Barfüsserplatz schwindlig werden kann, zwei Rheinhäfen, x Anlegestellen, und je weiter man an die Peripherie kommt, desto höher wird die Autodichte. Auf allen Waser-, Luft- und Landwegen wird täglich nach Basel hinein und aus Basel hinaus gependelt. Scharen sind hier schon eingewandert, durchgezogen, blieben mal länger, mal kürzer. Vielleicht ist es gerade dieses segensreiche Einströmen und Ausströmen, das die Alteingesessenen zu einem so verschworenen Häufchen macht, das so fleißig sammelt und stoisch an Objekten und Gepflogenheiten festhält. Im innersten Kern steht Basel still wie das

Auge des Sturmes. Was nicht heißt, dass sich die Dinge hier nicht ändern würden. Aber bestimmt nicht über Nacht.

Ist Basel eine große Stadt? Eine Großstadt gar? Die Stadt Basel wäre die größte Agglomeration der Schweiz, wenn nicht zwei Drittel der Vororte im Ausland und ein Drittel in der Landschaft liegen würden. Vielleicht ist Basel ein Scheinzwerg. So wie Michael Endes Scheinriese Herr Tur Tur immer kleiner wird, je näher man ihm kommt, wird Basel immer größer, je genauer man hinschaut. Vom Rhein aus betrachtet, hat man bald alles erfasst. Was nicht heißt, dass man der Ansicht müde wird.

Die Ueli-Fähre ist die letzte Fähre vor der Grenze, der sie das Heck zukehrt. Pia ist mit den Kindern und Verwandten gekommen, um Abschied zu nehmen. Pias Elternhaus stand in Lörrach, sie hat lange in der Fondation Beyeler gearbeitet, lebt heute in Freiburg. Sie stammt aus einer sehr reisefreudigen Familie, Fernweh ist hier erblich. Vom Dreiländereck aus in die Welt zu gehen, bedeutete ihrer Mutter sehr viel. An diesem Morgen haben sie die Fähre für sich. Auf einem kleinen Tisch zwischen den langen Holzbänken für die Fährpassagiere sind Blütenblätter vorbereitet. Dorthin stellen sie die Urne, dann geht es hinaus aufs offene Wasser. Die Vorstellung, die Mutter an eine letzte Ruhestätte zu verbringen mit einem Grabstein obendrauf, sei ihr absurd vorgekommen, sagt Pia. Der Fährmann verlangsamt die Fahrt. Pia und ihre Schwester streuen Blätter und Asche aufs Wasser, ein schmales Band, das der Rhein rasch mitnimmt. Pro Sekunde fließen hier durchschnittlich tausend Kubikmeter Wasser in Richtung Deutschland, wo Flussbestattungen nicht erlaubt sind. Die Erwachsenen schauen lange schweigend hinterher, dann stoßen sie aufs Leben an, mit Sekt. Tschüss, Oma, flüstern die Kinder und werfen den Rest der bunten Blüten in die Strömung. Und grüß uns das Meer!

Dank

Zunächst ein Wort zur Lückenhaftigkeit dieses Ortsporträts: So manche und mancher wird wohl das eine oder andere schmerzhaft vermissen, das ihm oder ihr in oder an Basel wichtig ist. Zu wenig Schmutz, Dreck und Schräges vielleicht, zu wenig Kleinbasel, zu wenig Multikulti oder vielleicht zu wenig Musik oder zu wenig Basler Originale …

Für mich sind es tatsächlich die großen Themen Chemie, Kunst, Kultur, Grenzen und der Rhein, die »mein« Basel ausmachen. Ich bin Ex-Rochianierin, Grenzgängerin, Linguistin und Schriftstellerin – das sind die Filter, durch die ich schaue, das sind sozusagen meine Einfallstore in die Stadt. Die Beschränkung ist bewusst gewählt. Und die Erzählerin, die im Text durchscheint, ist eine partiell blinde, manchmal eine unzuverlässige. Es sollte kein Buch werden, das versucht, möglichst ausgewogen oder gar allem gerecht zu werden. Im besten Fall ist es eines geworden, das neugierig macht. Was ich mir erhoffe: Dass die Leserinnen und Leser, die Basel nicht kennen, Lust bekommen, die Stadt für sich zu erkunden, und dass die Baslerinnen und Basler (oder die zugewanderten Stadtbewohnenden) sich auf den fremden Blick auf »ihre« Stadt einlassen, das Fremdbild zulassen und es sie zur Reflexion ihres eigenen Basel-Bildes anregt.

Mein Basel ist nicht denkbar, ohne die Auseinandersetzung mit dem Basel der anderen. Mein herzlicher Dank gilt all denen, die zu diesem Buch beigetragen haben, als Augenöffner, Türöffner, Herzöffner. All denen, die mir ihre Zeit schenkten und ihr Ohr liehen, die mit mir herumspazierten oder an einem Tisch saßen, die mit mir telefonierten oder mir schrieben, die mich mit Geschichten und Büchern überhäuften. Ich danke für alle Hinweise und Korrekturen (zum Beispiel, dass man keinesfalls Baseler und Züricher schreiben dürfe, sondern doch bitte auf die überflüssigen Vokale, die man ja auch nicht spreche, verzichten solle), die hoffentlich verhindern, dass die spitzfindigen Baslerinnen und Basler mich allzu sehr zerzausen werden, falls sich doch noch etwas Ungerades findet. Auch wenn es nur aus Liebe geschähe.

Caroline Bruder, Katrin Eckert, Bettina Eichin, Thomas Gierl, Martin Hirsch, Christoph Keller, Pia Kuchenmüller, Carmen Lee, Helen Liebendörfer, Klaus Littmann, Ulrike Lopez, Enrico Luisoni, Christine Richard, Sybille Roter, Martina Rutschmann, Beat Schenk, Sonja Maria Schobinger, Lilian Senn, Dieter Wegmann, Hans-Peter Wessels, Markus Wüest, Matthias Zehnder.

© Anja Thölking

Daniela Engist, geboren 1971, ist Schriftstellerin und lebt in Freiburg. Sie schreibt Romane und Erzählungen. In einem vorigen Leben war sie Kommunikationsmanagerin und arbeitete dreizehn Jahre lang für multinationale Konzerne in Basel, eine Welt, die Eingang gefunden hat in ihren Debütroman *Kleins Große Sache.*

© Dr. Thomas Müth

Petra Schuppenhauer, geboren 1975, absolvierte eine Ausbildung zur Illustrationsdesignerin in Hamburg und ein Studium an der Hochschule für Grafik und Buchkunst in Leipzig sowie der Jan Matejko Academy of Fine Arts in Krakau. Sie lebt und arbeitet in Leipzig. Ihre Arbeiten finden sich in privaten und öffentlichen Sammlungen.

Hat Ihnen dieses Buch gefallen? Dann empfehlen Sie es bitte weiter. Mehr über den 8 grad verlag finden Sie auf www.8gradverlag.de und in unserem Newsletter.

1. Auflage 2024

Sonnhalde 73 | 79104 Freiburg

ORTE: 03

Umschlagmotiv und Illustrationen:
Petra Schuppenhauer, Leipzig
Layout und Satz: Julie August, Buenos Aires / München
Lektorat: Stephan Thomas, München
Korrektorat: Marion Voigt, Zirndorf

Gesetzt aus der Caslon und der Brown
Papier: Munken Print cream 90 g/m² 1,5-fach
Einbandmaterial: Peyprint honan 130 g/m²
Herstellung: folio · print & more, Zirndorf
Druck und Bindung: Steinmeier GmbH & Co. KG, Deiningen

Printed in Germany

ISBN 978-3-910228-37-5
www.8gradverlag.de